KB240817

오직 안으로 들어가는
길이 있을 뿐: 조주

Joshu: The Lion's Roar

Copyright © 2004 by Osho International Foundation, Switzerland. www.osho.com
OSHO is a registered trademark of Osho International Foundation,
used under license.
Korean Translation Copyright © 2011 by Sodam&Taeil Publishing Co., Ltd.
This Korean edition was published by arrangement with Osho International Foundation,
Switzerland through Best Literary & Rights Agency, Korea.
All rights reserved.

이 책의 한국어판 저작권은 베스트 에이전시를 통한 원저작자와의 독점 계약으로 (주)태일
소담에서 소유합니다. 신저작권법에 의하여 한국 내에서 보호를 받는 저작물이므로 무단전
재와 무단복제를 금합니다.

오직 안으로 들어가는
길이 있을 뿐: 조주

Joshu: The Lion's Roar

오쇼 강의 | 손민규 옮김

태일출판사

옮긴이 손민규

1962년 생. 인도로 건너가 오쇼의 제자로 입문한 후 20여 년 동안 인도를 오가며 여러 스승들을 만나 교류했다. 특히 '유지 크리슈나무르티'와의 만남을 통해 큰 감화를 받았으며, 오쇼 문하에서 가장 먼저 깨달은 인물로 알려진 '끼란지'와 12년 동안 친교를 나누며 깊은 가르침을 받았다. 지난 20년 동안 명상 서적 전문 번역가로 일하면서 『명상, 처음이자 마지막 자유』, 『법구경』, 『금강경』, 『떠도는 자의 노래』, 『마음을 버려라』 등을 포함한 50여 권의 명상 서적을 한국에 번역·소개했다. 현재 오쇼와 끼란지의 가르침에 대해 공부하는 수행모임 '오스카'를 이끌고 있다.
오스카 홈페이지: www.oska.co.kr

21세기를 사는 지혜의 서 15

오직 안으로 들어가는 길이 있을 뿐: 조주

Joshu: The Lion's Roar

펴낸날 | 2012년 3월 30일 중판 1쇄

지은이 | 오쇼
옮긴이 | 손민규
펴낸이 | 이태권
펴낸곳 | (주)태일소담
　　　　서울시 성북구 성북동 178-2 (우)136-020
　　　　전화 | 745-8566~7　팩스 | 747-3238
　　　　e-mail | sodam@dreamsodam.co.kr
　　　　등록번호 | 제2-42호(1979년 11월 14일)
　　　　홈페이지 | www.dreamsodam.co.kr

ISBN 978-89-8151-185-2　04150
　　　978-89-8151-170-8 (세트)

● 책값은 뒤표지에 있습니다.
● 잘못된 책은 구입하신 곳에서 교환해드립니다.

Osho The Present Day
Awakened One speaks on the
Ancient Masters of Zen,

현대의 깨달은 스승 오쇼,
고대의 선사들에 대해 말하다.

옮긴이의 말

인도의 뭄바이에서 기차로 네 시간 남짓 가면 푸나(Poona)라는 도시가 있다. 푸나에는 모르는 사람이 없을 정도로 유명한 명소가 있다. 바로 국내에도 널리 알려진 오쇼의 아쉬람이 그곳이다.

오쇼 아쉬람의 중심 건물인 붓다홀에서는 저녁 때마다 폭소가 터지기 시작했다. 오쇼가 중국의 선사 조주를 강의하기 시작한 것이다.

깨달음의 세계를 갈망하는 수천 명의 구도자들이 모여 오쇼의 강의를 경청했다. 오쇼의 강의에는 선의 번득이는 기지와 해프닝이 들어 있었다. 대개 서양인이 주축을 이루는 구도자들은 동양적인 선의 세계에 깊이 몰입했다.

이 강의는 유달리 친밀한 분위기 속에서 이루어졌다. 심각함과 논리적 설명이 배제된 강의에서는 농담과 웃음, 그리고 명상이 삼위일체를 이루었다.

조주 선사가 그 자리에 있었다면 춤을 추었을 것이다. 선의 춤, 깨달음의 춤, 그리고 언어를 넘어선 춤…….

오쇼(Osho)를 우리말로 풀어 쓰면 '화상(和尙)'이다. 그는 라즈니쉬라는 이름까지 버리고 단지 '화상'으로 불리길 원했다.

그의 묘비명에는 「태어난 적도 죽은 적도 없다. 1931년 12월 11일에서 1990년 1월 19일 사이에 지구를 방문했을 뿐」이라고 쓰여 있다.

그러므로 오쇼나 조주에 대한 소개는 구차스러울 뿐이다.

다만 그들이 가리킨 달을 보면 그뿐.

손민규

차례

1.

그를 특별히 대접하라

조주(趙州)는 778년에 태어났다.

남전(南泉)을 처음 만났을 때, 조주는 방장실(方丈室)로 들어갔다.

남전이 누워 있다가 조주가 오는 것을 보고 물었다.

"어디에서 왔는가?"

조주가 대답했다.

"서상원(瑞像院)에서 왔습니다."

"여전히 성스러운(瑞) 상(像)을 보고 있는가?"

"성스러운 모습은 보지 못합니다만, 누워 계신 여래(如來)는 봅니다."

그러자 남전이 일어나 앉으며 말했다.

"그대는 주인 있는 사미(沙彌)인가, 주인 없는 사미인가?"

"주인과 함께 있습니다."

"그대의 주인은 누구인가?"

"이른 봄이라 날씨가 춥습니다만, 스님께서 잘 계시니 기쁘기 한량 없습니다."

남전이 유나(維那)를 불러 말했다.

"이 사미승을 특별히 대접하도록 하라."

마니샤　　조주는 형식적인 입문 과정을 거치지 않고도 깨달음을 얻은 예외적인 사람들 중의 한 명이다. 그들은 어느 누구의 제자도 아니다. 그것은 매우 예외적인 경우에 속한다.

앞으로 조주에 대한 이야기는 아름답게 진행될 것이다. 그의 말 한마디 한마디가 매우 시적이고 함축적인 의미를 담고 있다. 그러므로 완벽한 침묵 속에서 귀 기울이지 않는 한 그 향기와 의미, 실체를 꿰뚫어 보는 날카로운 통찰력을 놓치기가 십상일 것이다.

조주는 선의 역사에서 가장 사랑받는 스승 중의 한 명이다. 위대한 스승들은 많았지만 조주만큼 사랑받은 사람은 없다. 조주는 충분히 그럴만한 자격이 있다.

조주가 제자들을 다루는 방식은 너무나 부드럽고 정교하다. 시인만이 그렇게 할 수 있다……. 조주에게는 인간이라는 돌덩이로부터 붓다를 조각해 내는 훌륭한 장인 정신이 드러난다.

모든 인간은 다만 커다란 돌덩이에 불과하다. 사랑이 넘치는 손길로 비본질적인 것을 깎아내고 오직 본질적인 것만을 남겨두는 위대한 예술가, 장인 정신이 투철한 조각가가 필요하다.

그 절대적으로 본질적인 요소, 그것이 그대의 불성(佛性)이다.

이 일화들을 통해 그대는 조주의 방식을 알 수 있을 것이다. 그리고 조주와 사랑에 빠질 것이다.

　　조주(趙州)는 778년에 태어났다.

　　남전(南泉)을 처음 만났을 때, 조주는 방장실(方丈室)로 들어갔다.

　　남전이 누워 있다가 조주가 오는 것을 보고 물었다.

　　"어디에서 왔는가?"

이 질문은 여러 스승에 의해 수없이 반복되어 온 질문이다. 이 질문의 의미는 그대가 이해하는 바와 같지 않다. 남전은 방장실에 누워서 물었다.

"어디에서 왔는가?"

남전은 조주의 주소를 묻는 것이 아니다. 그는 조주의 본래 근원에 대해 묻고 있다.
"그대는 어디에 있다가 갑자기 세상에 나타났는가? 그대는 탄생 이전에 어디에 있었는가? 그대의 부모가 태어나기 전에는 어디에 있었는가?"
분명히 어딘가에 있었을 터인데…….

조주가 대답했다.
"서상원(瑞像院)에서 왔습니다."
(서상(瑞像)은 성스러운 상(像)을 의미한다.)

이 일화에는 직접적으로 말해지지 않은 어떤 요소가 들어 있다. 성스러운 상(像)을 의미하는 서상원(瑞像院)은 아주 오래된 절이었을 것이다. 그러나 그 절은 천재지변에 의해 사라졌다. 그것은 조주가 태어나기 전에 있었던 일이다. 그런데 서상원에서 왔다는 조주의 말은…… 서상원은 이미 존재하지도 않는데 말이다!
일본에서는 지진이 빈번하게 일어난다. 그래서 일본에서는 목재와 대나무가 매우 중요하게 여겨진다. 일본에서는 대리석으로 집을 지을 수 없다. 언제 지진이 일어날지 모른다. 그때엔 대리석이 상당한 위험 요소로 작용할 수 있다. 그래서 일본에서는 벽을 아무 얇게 만든다. 지진이 일어났을 때 죽음을 면하려면 아주 가벼운 재질을 사용해야 한다. 이렇게 지진의 위험으로 인해 일본에서는 대나무가 특별한 중요성을 지니게 되었다.

조주는 자신이 서상원에서 왔다고 말한다. 그 말은 일본에서의 전생을 기억한다는 뜻이다. 그리고 지금은 사라진 서상원의 승려였다는 사실을 기억하고 있음을 의미한다.

남전이 물었다.
"여전히 성스러운 상(像)을 보고 있는가?"

…… 왜냐하면 그 절은 진정으로 아름다운 절이었다고 전해지기 때문이다. 일본인들은 지진으로 인해 목재 불상을 만들기 시작했다. 인도에는 목재 불상에 대해 알려진 바가 없다. 하지만 중국과 일본은 석불을 목불로 바꾸었다. 목불은 지진에도 살아 남을 수 있었기 때문이다. 나무는 지나치게 딱딱하지 않다. 하지만 석불은 산산조각 나버릴 것이다.

남전은 조주에게 물었지만 조주는 자신의 전생에 대해 한마디도 하지 않았다. 그러나 남전은 조주의 말이 옳다는 것을 알 수 있었다.

스승과 대면할 때, 그대가 자신에 대해 말하기에 앞서 스승은 이미 알고 있다. 그대는 스승 앞에서 거짓말을 할 수 없다. 오직 진실만을 말해야 한다. 조주가 말한 서상원은 오래 전에 사라진 절이었다. 하지만 남전은 조주에게 타당성을 입증할 어떤 증거도 요구하지 않았다. 오히려 남전은 이렇게 묻는다.

"그대는 아직도 성스러운 상(像)을 보고 있는가? 우리는 그 절에 대단히 아름다운 불상이 있었다고 들었다. 그대는 아직도 그 불상을 볼 수 있는가?"

"성스러운 모습은 보지 못합니다만, 누워 계신 여래(如來)는 봅니다."

남전은 누워 있었다. 조주는 남전에게 '당신이 곧 붓다입니다. 그러니 저에게 성스러운 상(像) 따위가 무슨 소용이겠습니까?' 하고 직접 대놓고 말하지 않았다. 이 얼마나 교묘하고 아름다운 말인가!
조주는 말한다.
"제 눈에는 앞에 누워 있는 여래(如來)만이 보입니다. 살아 있는 붓다와 대면하고 있는데 누가 불상 따위에 관심을 갖겠습니까?"
여래(Tathagata)는 고탐 붓다의 다른 이름이다. 조주는 이미 남전을 깨달은 스승으로 인정하고 있다.

그러자 남전이 일어나 앉으며 말했다.
"그대는 주인 있는 사미(沙彌)인가, 주인 없는 사미인가?"

조주의 통찰력을 보고서 남전은 '이 놈은 보통 놈이 아니다'라고 생각했다. 남전이 벌떡 일어나 물었다.

"그대는 주인 있는 사미(沙彌)인가, 주인 없는 사미인가?"
"주인과 함께 있습니다."

이 '함께'라는 말을 명심하라. 조주는 말한다.
"저는 이미 스승과 함께 있습니다. 도대체 무슨 말씀을 하시는 겁니까?"

조주는 '제게는 스승이 있습니다'라고 말하지 않았으며, '제게는 스승이 없습니다'라고도 말하지 않았다. 그는 '스승과 함께 있습니다'라고 말했다.

내가 조주는 형식적으로 제자가 된 적이 없다고 말하는 이유가 그것이다. 남전에게 왔을 때 조주는 이미 깨달음의 경지에 거의 도달해 있었다. 따라서 조주는 입문의 단계가 필요 없었다. 그는 언제라도 빛의 폭발을 이룰 수 있었다. 계절이 무르익고 때가 왔다. 거의 다 익은 열매는 언제 땅에 떨어질지 모른다. 다만 약간의 시간이 필요할 뿐이다.

조주의 대답은 말할 수 없이 아름답다. 그는 사사받은 스승이 있다고도 없다고도 말하지 않았다.

"주인과 함께 있습니다."
"그대의 주인은 누구인가?"

남전은 조주가 진짜로 알고 있는지, 아니면 앵무새처럼 떠들고 있는지 알아보기 위해 슬쩍 떠보고 있다.

"이른 봄이라 날씨가 춥습니다만, 스님께서 잘 계시니 기쁘기 한량 없습니다."

조주는 '그대의 스승은 누구인가?' 하는 질문에 대답하지 않았다. 다만 '저는 스승과 함께 있습니다. 이른 봄이라 날씨가 차가운데 스님께서 잘 계시니 기쁘기 그지없습니다' 하고 우회적으로 말했다. 이 얼마나 교묘하고 감미로운 대답인가!

남전이 유나(維那)¹⁾를 불러 말했다.

"이 사미승을 특별히 대접하도록 하라."

조주는 보통 승려로 여겨지지 않았다. 수천 명의 승려가 있는데
……

"이 사미승을 특별히 대접하도록 하라. 그는 거의 깨달은 사람이
다. 그에게는 어떤 안내도 필요 없다."

특별 대접이란, 조주가 활짝 만개할 수 있도록 우정 어린 분위기
와 사랑, 장소를 제공하라는 뜻이다. 그는 이미 꽃봉오리를 터뜨리
고 있다. 그는 머지 않아 활짝 피어날 것이다. 그러니 그에게 특별
대접을 베풀도록 하라.

이것은 남전과 조주 양쪽 모두에게 매우 특이한 만남이다. 남전
은 조주에게 제자가 될 것을 요구하지 않았다. 그는 조주를 손님으
로 받아들였다. 그리고 깨달은 사람에게 대했던 것과 똑같은 대접
을 베풀었다. 조주 또한 남전에게 제자로 받아들여 달라고 요구하
지 않았다. 그럴 필요가 없었다. 남전은 필요한 모든 일을 스스로
알아서 할 것이다. 제자가 되는 형식은 필요 없다. 조주는 남전에게
서 뿜어져 나오는 깨달음의 빛을 볼 수 있다. 그리고 남전의 옆에
앉는 것만으로도 만족한다. 형식은 필요 없다. 남전과 조주 양쪽 모
두가 비형식적인 관계를 이해했다.

조주는 머지않아 궁극의 정점에 도달한 스승이 될 것이다. 그리
고 남전은 그에게 특별 대접을 하는 것만으로도 행복하다. 이것은
매우 드문 경우이다. 아마 유일한 경우일 것이다. 나는 어떠한 경우
에도 스승이 '그를 특별히 대접하도록 하라'고 말한 예를 보지 못했

1) 총림(叢林), 즉 선도량(禪道場)의 기강을 관장하는 승직.

다. 그런데 무르익은 사람이 찾아올 때 드물게 그런 일이 일어난다. 조주는 남전에게 가지 않았어도 붓다가 되었을 것이다. 그러므로 조주가 남전에게 갔다는 것은, 남전이 우월한 위치에서 조주를 제자로 삼아야 한다는 것을 의미하지 않는다. 그런 것은 저자 거리에서나 통용되는 가치이다. 남전은 조주가 곧 꽃필 것이라는 사실에 기쁨을 금할 수 없다. 그리고 조주는 살아 있는 붓다를 발견했으며, 남전이 건강하게 잘 있다는 사실에 기쁘기 한량없다. 아무 것도 직접적으로 말해진 바 없다. 하지만 양쪽 다 모든 것을 완벽하게 이해했다.

선의 시인인 무소우 소세끼(夢窓疎石)[2]는 이렇게 읊었다.

내가 온 곳으로 돌아가는 길이
어디에 있는지 분명치 않을 때에는
어디로 가도 집으로 돌아가는 길이다.

소세끼는 말한다. 그대가 어디에서 왔는지 모른다 해도 걱정하지 마라. 그냥 가라. 어느 길을 가든지 결국 집으로 가게 될 것이다.
이 세상에 대해 생각할 때에는 중심과 주변을 구분해야 한다. 그대는 중심에서 주변으로 여러 라인을 통해 연결된다. 그대는 자신이 어디에서 왔는지, 중심이 어디인지 모른다. 그러나 염려할 필요가 없다. 그냥 내면으로 가는 길을 고수하라. 그러면 중심에 당도할 것이다.
소세끼의 말은 모든 사람에게 적용된다. 그대는 중심이 어디에

---

2) 일본의 선사(1275-1351)

있는지 모른다. 그런데 나는 계속해서 '중심으로 가라'고 말한다. 나는 그대가 자신의 중심에 대해 모르고 있음을 잘 알고 있다. 그러나 나는 아무 데로나 그냥 가라고 말한다. 혼신의 힘을 다해 가기만 한다면 어디로 가든 반드시 그대의 근원에 이를 것이다. 이것은 수많은 신비주의자들의 경험이다. 그러니 걱정할 필요가 없다.

나는 그대에게 중심이 어디에 있다고 말하지 않는다. 내가 알고 있는 한 가지는, 그대가 전체적인 에너지와 절박함을 갖고 내면으로 들어가기만 한다면 반드시 중심에 도달할 것이라는 사실이다. 혼신의 힘을 다하는 순간, 중심 스스로가 그대를 잡아당긴다. 그대가 중심을 향해 가는 것이 아니다. 중심이 그대를 끌어당기는 것이다.

그대는 쉬지 않고 혼신의 힘을 다해야 한다. 그 정열이 문제이다. 사람들은 얼마나 부분적이고 단편적인지, 내가 전체성과 절박함에 대해 이야기할 때에도 그것은 다른 사람에게나 해당하는 말이라고 생각한다. 그대는 '나는 이 순간에는 죽지 않을 것이다'라고 생각한다. 그러나 그 어느 누군가가 바로 그대일 수도 있다! 그대가 어느 순간 죽기로 되어 있다면, 지금 이 순간 죽지 말라는 법이 어디에 있는가? 그대가 언제 죽을지 누가 아는가?

그리고 살아 있을 때 안과 밖을 들락거리면서 주변에서 중심으로 가는 길을 청소하지 않았다면 죽음의 순간에는 아무 것도 할 수 없을 것이다. 그대는 살아 있을 동안 혼신의 힘을 다해 중심으로 들어가야 한다. 전체성과 절박함이 전제되어야 한다. 호기심에 찬 마음으로 미적지근한 길을 간다면 결코 중심에 들어갈 수 없을 것이다.

호기심은 내면으로 들어가는 방법이 아니다. 중심에 도달하기 위해서는 엄청난 정열이 요구된다. 그대는 자신의 모든 것을 내걸고 돌진해야 한다. 그 다음에는 아무 것도 염려하지 마라. 총력을 기울여 돌진하라. 그러면 어디에 도달하든 그곳이 곧 그대의 중심이다.
그대는 중심이 아닌 다른 곳으로 갈 수 없다.

마니샤의 질문

우리가 온 곳은 우리가 갈 곳과 견주어 볼 때 어떤 비교적인 중요
성을 갖고 있습니까?

비교적인 중요성은 없다. 왜냐하면 우리가 온 곳과 우리가 갈 곳
은 똑같은 장소이기 때문이다. 그곳은 따로 떨어진 두 개의 장소가
아니다. 그러므로 비교적인 중요성은 없다. 우리는 어디에서 왔는
지 신경 쓸 필요가 없다. 그것을 알기 위해서는 아주 오랜 여정이

필요하다. 소수의 사람들이 그런 길을 걸었다. 그 길은 상상할 수 없을 만큼 지독한 고통으로 가득 찬 길이다.

단 한 번의 삶으로도 사람을 미치게 만들기에 충분하다. 그런데 지나온 다른 삶을 거슬러 올라간다는 것은……. 그대는 얼마나 수많은 생을 살아왔는지 모른다. 그대는 수백만 년 동안 이 지구 위에 살아왔다. 그리고 이번 생도 끝이 아니다.

그런 문제에 관심을 갖는 사람들은 이런 의문을 떠올릴 수밖에 없다.

"우리는 어디에서 이 혹성에 왔는가? 그리고 어떤 방식으로 왔을까? 지구의 생명체는 천재지변으로 파괴되어 가고 있던 다른 혹성, 또는 핵무기와 같은 재난으로 인해 파괴된 혹성에서 왔음에 틀림없다. 어쨌든 다른 혹성에서 온 것만은 분명하다. 우주에는 생명체가 존재할 수 있는 혹성이 수백 개나 있지 않은가? 우리는 분명 다른 혹성에서 왔을 것이다."

그렇게 거슬러 올라간다 해도…… 그것은 매우 힘든 과정이다. 하지만 마하비라 같은 완고함이 있다면 충분히 가능한 일이다. 마하비라는 매우 완고한 사람이었다. 내 생각에는 그와 비교될 만한 사람이 없는 것 같다. 그는 벌거벗고 살면서 한마디 말도 하지 않았다. 그는 십이 년 동안 철저하게 침묵을 지켰다.

어느 날, 그는 강가의 나무 밑에 서서 명상하고 있었다……. 그는 앉아서 명상하지 않았다. 그 이유는, 앉는 것이 너무 편한 자세이기 때문이다. 그는 고탐 붓다의 자세를 좋아하지 않았다. 마하비라에게 그것은 너무 편한 자세였다. 편한 자세를 취할 때에는 잠들어 버릴 가능성이 크다. 그러나 서 있는 자세에서는 잠들기가 어렵다. 그대는 깨어 있을 수밖에 없다. 마하비라는 서서 명상한 유일한 사람이다.

그래서 그날도 그는 나무 밑에 서서 명상하고 있었다. 그런데 목동이 강으로 소 떼를 몰고 왔다. 거의 백여 마리에 가까운 소 떼였다. 소들이 물을 마시고 있는데, 어떤 사람이 달려와 목동에게 말했다.

"당신 집에 불이 났으니 빨리 가보시오!"

하지만 백여 마리의 소를 숲 속에 방치하고 간다면……. 목동은 나무 밑에 서 있는 마하비라를 보았다. 그래서 그는 마하비라에게 말했다.

"여기에서 내 소들을 좀 봐주시오. 곧 돌아오겠소."

목동은 마하비라의 대답을 들을 겨를도 없이 달려갔다.

마하비라는 명상중에 있었다. 그는 어느 누구의 소에 대해서도 관심이 없었다. 그는 자신의 왕국까지 팽개치고 나온 사람이었다. 그런 그에게 소를 보살피라고? 소들은 햇빛을 피해 산자락 뒤의 나무 그늘로 몰려갔다. 목동이 돌아왔을 때에는 강가에 한 마리의 소도 보이지 않았다. 마하비라가 여전히 나무 밑에 서 있는 것이 눈에 띄었다. 목동이 물었다.

"내 소 떼는 어디에 있소?"

그러나 마하비라는 아무 말도 하지 않았다. 목동이 말했다.

"당신은 참 이상한 사람이군. 내 말이 들리지 않소?"

그러나 여전히 마하비라는 석상처럼 서 있기만 했다.

목동이 말했다.

"맙소사, 이 사람은 귀머거리에다 벙어리잖아? 듣지도 말하지도 못하는 사람에게 소를 맡기다니! 소 떼가 모두 사라졌으니 큰일이다. 숲은 깊은 데다 야생 동물이 우글대고 있는데, 백 마리나 되는 소를 어떻게 찾는단 말인가?"

그래도 목동은 어쩔 수 없이 소를 찾아 숲으로 들어갔다. 사실,

소 떼는 먼 곳에 있지 않았다. 그들은 마하비라 뒤의 거대한 나무 그늘 아래에서 쉬고 있었다. 얼마 후, 소들은 그늘에서 벗어나 마하비라 옆으로 다가왔다.

목동은 숲 속을 헤맸지만 소 떼의 흔적조차 찾을 수 없었다. 그는 매우 절망해서 돌아왔다. 그런데 마하비라 옆에 소 떼가 서 있는 것이 아닌가!

목동이 생각했다.

"이제 보니 이 놈은 도둑놈이다! 이 놈은 귀머거리와 벙어리 흉내를 내다가 내가 숲 속으로 들어간 틈을 이용해 다시 소 떼를 불러 모았다! 내가 조금만 더 멀리 갔었다면 이 놈은 소 떼를 끌고 도망쳤을 것이다. 이 놈은 해가 지기를 기다리고 있었다!"

이것은 순전히 목동의 상상에 불과했다. 하지만 목동은 매우 화가 나서 나뭇가지 두 개를 꺾었다. 그리고 마하비라의 귀를 찔렀다.

"내가 네 놈 버릇을 고쳐 놓겠다. 네 놈이 벙어리에다 귀머거리라고? 어디 맛 좀 봐라. 네 놈을 진짜 귀머거리로 만들어 버릴 테다!"

목동이 나뭇가지로 마하비라의 귀를 찔렀지만 마하비라는 꼼짝도 하지 않았다. 귀에서 피가 철철 흘렀다. 하지만 마하비라는 아무 말도 하지 않았다…….

이 이야기에는 아주 아름다운 의미가 담겨 있다. 그런데 이야기는 더욱더 비유적인 방향으로 전개된다. 인도의 신화에는 인드라(Indra)라고 하는 천둥 번개의 신이 있다. 인드라는 아무 죄도 없는 마하비라가 이유 없이 당하고 있는 광경을 내려다보고 있었다. 인드라는 구름으로부터 내려와 마하비라에게 말했다.

"너는 십이 년 동안 침묵을 지키기로 결심했지만 이런 일이 계속되다가는 목숨을 부지하기도 힘들겠다. 그래서 나는 너를 돌봐주는 두 명의 수호병을 임명하기로 작정했다."

이것은 마음끼리 통한 대화였을 것이다. 왜냐하면 마하비라는 한마디도 하지 않았기 때문이다. 마하비라는 마음을 통해 인드라에게 말했다.

"나는 결백한 사람을 돌봐주는 자연에 감사합니다. 그리고 당신은 자연을 대표합니다. 하지만 걱정하지 마십시오. 이런 일이 계속 일어나지는 않을 것입니다. 전에는 이런 일이 한 번도 없었습니다. 그리고 나는 두 명의 수호병을 감당할 수 없습니다. 나는 철저하게 혼자 있기를 원합니다. 이 두 눈과 귀, 이 육체는 언젠가 화장터에서 잿더미가 되어 사라질 것입니다. 그러니 육체에 대해 걱정할 필요가 있겠습니까?"

인드라가 말했다.

"너는 아주 완고하구나."

마하비라가 말했다.

"이만한 고집이 없었다면 어찌 나의 전생으로 파고들 수 있었겠습니까? 십이 년 동안의 침묵은 모든 장애물을 물리치고 내가 온 곳으로 돌아가려는 노력 외에 아무 것도 아니었습니다. 내가 어디에서 왔는지 모른다면 어떻게 근원으로 돌아갈 수 있겠습니까? 어떻게 원(圓)을 완성시킬 수 있겠습니까?"

먼저 그대는 자신이 어디에서 왔는지 알아야 한다. 이것이 마하비라의 태도이다. 그러나 나의 태도는 다르다. 왜냐하면 불필요하게 문제를 일으킬 필요가 없기 때문이다. 마하비라의 길은 엄청나게 험난한 길이다. 그 길은 단순히 전생을 기억하는 데 그치는 것이 아니다. 그것은 그대의 전생을 실제로 살아야 하는 길이다. 전생의 모든 것이 너무나 복잡하고 빽빽하게 얽혀 있다. 그대는 첩첩산중에 둘러싸여 있다. 자신이 어디에서 왔는지 발견하려면 엄청난 의

지력이 필요하다. 이것은 쓸데없는 고문이다. 나는 그런 고문에 찬
성하지 않는다.

어떤 사람이 뉴델리 근교에서 차를 몰고 있었다. 그가 나무 아래
앉아 있는 노인에게 물었다.

"뉴델리까지는 얼마나 남았습니까?"

노인이 말했다.

"당신이 가는 길로 곧장 간다면 아주 오래 걸릴 거요. 아마 지구
를 거의 한 바퀴 돌아야 할 것이오. 왜냐하면 뉴델리는 8마일 후방
에 있으니까요. 어디로 가든지 당신 마음대로 하시오. 당신이 완고
한 사람이라면 곧장 앞으로 가시오. 그리고 지각 있는 사람이라면
차를 돌려서 뒤쪽으로 가시오."

간단하고 손쉬운 길이 있는데 왜 어려운 길을 택하겠는가? 그것
은 어리석은 짓이다. 그대가 어디에서 왔는지에 대해서는 잊어라.
분명한 사실은 그대가 세상에 나왔다는 것이다! 이제 가장 쉬운 길
은 그대가 어디로 가고 있는지를 아는 것이다. 왜냐하면 결국엔 그
대가 도달하는 지점이 곧 그대가 처음 온 지점이라는 것을 알게 될
것이기 때문이다. 이것이 삶이 하나의 완벽한 원(圓)을 이루는 방
법이다.

마니샤, 나는 그대가 어디에서 왔는지 기억하는 것에 대해 아무
필요성도 느끼지 못한다. 그러나 불교와 자이나교, 이 두 종교는 전
생으로 들어가는 방법에 대해 연구해 왔다. 자이나교는 전생을 기
억하는 과학에 대해 매우 깊이 파고들었다. 그리고 마하비라가 이
토록 험난한 길을 택함으로써 자이나교는 극소수의 집단으로 머물
고 말았다. 한 번의 생만으로도 충분히 고통스럽다. 누가 더 많은
고통을 원하겠는가? 과거에 지나온 고통, 까맣게 잊고 있던 고통을
다시 불러 올 이유가 무엇인가? 그대에게는 지금까지 얼마나 많은

부인이 있었는가? 그 부인들을 모두 기억하는 것은 그대에게 통찰력을 주지 못할 것이다. 다만 지끈거리는 두통을 줄 뿐이다! 얼마나 많은 남편이 있었는가? 온갖 머저리들…… 그들을 기억하는 것만으로도 그대의 삶은 유령이 출몰하는 악몽처럼 될 것이다. 쓸데없이 문제를 일으킬 필요가 없다.

불교 또한 전생으로 들어가는 문제에 대해 어느 정도 노력하기는 했다. 하지만 그렇게 깊이 들어가지는 않았다. 붓다 이후에 극소수의 승려들이 그런 방면으로 시도한 바 있지만 그것은 불교에서 특별한 자리를 차지하지 못했다. 자이나교는 매우 특별한 경우이다. 불교는 범세계적인 종교가 되었다. 극동의 모든 국가가 불교국이다. 그런데 자이나교는 인도의 작은 집단으로 남아 있다. 오늘날 자이나교도는 삼백 오십만 명에 불과하다. 마하비라에게 단 한 쌍의 부부가 귀의했다 해도 이천 오백 년이 지난 오늘날에는 삼백 오십만 명의 자이나교도가 탄생했을 것이다! 그대는 마하비라가 많은 사람들을 설득할 수 없었던 이유를 알 수 있다. 그는 불가능한 모험을 즐기는 극소수의 사람들에게나 어울리는 험난한 길을 제시하고 있었다. 붓다와 마하비라는 동시대인이었다. 그러나 붓다의 길은 더 부드럽고 인간적이다. 반면, 마하비라의 길은 메마르고 황량하다. 붓다의 길은 아름다운 정원을 통해 가는 길이다. 그런데 마하비라는 풀 한 포기 없고 물 한 모금 마실 수 없는 사막을 선택했다. 하지만 그런 차이점은 독특한 개성의 차이일 뿐…….

마니샤, 그대가 어디에서 왔는지 발견하려는 노력은 불필요하다. 그대는 이미 편두통을 앓고 있다. 그런데 더 많은 두통을 원하는가? 불쌍한 마니샤, 그대는 편두통을 앓고 있다. 나도 거의 십오 년 동안 두통을 앓은 적이 있다. 그래서 나는 편두통이 어떤 병인지 잘 안다. 그것은 거의 머리가 두 조각으로 깨지는 것 같은 느낌이다. 머리를 벽에 부딪치고 싶을 정도이다.

그런데 이상한 우연이 일어났다…….

나는 이곳에서 가까운 잘가온(Jalgaon)[3]에 있었는데, 그곳은 여름에 무덥기로 유명한 곳이다. 내가 그곳에 도착했을 때에는 오후 두 시쯤이었다. 나는 극도로 지친 데다 두통이 심했다. 그래서 나는 나를 초대한 사람에게 먼저 샤워를 하고 싶다고 말했다.

나는 그의 욕실에 들어갔다. 그런데 욕실에는 수도꼭지가 잘못 달려 있었다. 나는 찬물이 나오겠거니 하고 파란색 수도꼭지를 돌렸다. 그런데 나는 샤워기 밑에 있다가 기절초풍했다. 찬물이 아니라 델 듯이 뜨거운 물이 쏟아졌기 때문이다. 그런데 그 순간 나는 두통을 잊었다. 그후로 두통은 다시 찾아오지 않았다. 나는 무슨 일이 일어났는지 모른다. 다만 충격이 너무 심해서 두통을 잊었던 것이다. 그날 나는 '사소한 문제를 해결하는 유일한 방법은 더 큰 문제를 만들어 내는 것이다'라는 현자(賢者)들의 말을 이해하게 되었다. 더 큰 문제를 만들어 내면 사소한 문제에 대해서는 까맣게 잊을 것이다.

그날 나는 물라 나스루딘(Mulla Nasruddin)[4]이 항상 한 치수 작은 신발을 신은 이유를 알게 되었다. 신발 가게 주인은 항상 나스루딘에게 묻곤 했다.

"왜 쓸데없이 고생을 합니까? 당신은 발이 아파 절뚝거리고 다니면서도 항상 한 치수 작은 신발을 요구합니다. 이젠 이 마을 사람들 전체가 당신이 얼마나 고통을 겪는지 알 정도입니다. 다시 한번

---

3) 오쇼의 아쉬람이 있는 뿌나(Poona)시에서 북동쪽, 아잔타에서 55킬로미터 거리에 있는 소도시.
4) 오쇼의 이야기에 자주 등장하는 가상의 인물·수피 신비주의자들의 이야기에 동명의 인물이 등장한다.

생각해 보세요. 당신은 너무 작은 신발을 신는단 말입니다!"

나스루딘이 말했다.

"당신은 그 이면에 숨겨진 철학을 모르는군요. 이 신발 때문에 어떤 문제나 고민도 나를 건드리지 못합니다. 이 신발을 신는 것은 어찌나 괴로운지, 이 신발을 벗어 버리기만 하면 죽어도 원이 없을 것 같습니다. 다른 문제는 개입할 여지가 없습니다. 게다가 저녁 때 집에 돌아가 신발을 벗을 때의 그 해방감! …… 그런 해방감을 어디에서 맛볼 수 있겠습니까?"

마니샤, 그런 해방감을 맛볼 필요가 없다. 더 쉽고 간단한 길이 있다. 나는 쉽고 분명한 것에 찬성한다. 다만 그대 자신이 어디에 있는지 발견하라. 그 지점이 곧 그대가 온 곳이며, 그대가 돌아갈 지점이다.

그대 본래의 근원은 또한 궁극의 목적지이기도 하다.

2.

불이야, 불이야!

조주는 남전선원(南泉禪院)에 처음 들어간 후, 승당(僧堂)에서 노두(爐頭)를 맡았다.

어느 날, 그는 승당 문을 잠그고 불을 피워 연기가 가득 차게 만들었다. 그리고는 '불이야, 불이야! 살려 줘!' 하고 소리쳤다.

대중이 문 앞으로 달려가자 조주가 말했다.

"옳은 말을 내놓지 않으면 문을 열지 않겠다."

대중에게서 아무 응답이 없었다. 그런데 남전이 창문으로 열쇠를 던져 넣으니 조주는 즉시 문을 열고 나왔다.

마니샤, 조주는 매우 드문 인물이다. 조주는 어린 나이에 출가해서 열일곱 살 때 처음으로 사토리(satori)를 경험했다. 그는 이 경험에 대해 '돌연 나는 붕괴되었고, 머물 집이 없어졌다'고 말했다.

처음으로 깨달음의 세계를 엿본 후 나온 이 말은 대단히 의미심장하다. 조주는 말한다.

"돌연 나는 붕괴되었다. 내가 전에 무엇이었든간에 모든 것이 무너졌다. 나는 인격과 마음을 계발해 왔지만 그중의 어느 것도 내가 아니었다. 사토리는 순식간에 나를 무너뜨리고 머물 집이 없는 고아로 만들었다. 내가 군중들 틈에서 사회의 규칙에 따라 만들었던 집은 깨달음을 힐끗 엿보는 것만으로도 완전히 무너져 버렸다. 나는 산산조각으로 무너져서 머물 집도 없이 홀로 서 있다."

그러나 이것은 경험의 한 측면일 뿐이다. 그가 말하지 않은 다른 부분이 있다. 그 다른 부분은 말해질 수 없다. 오직 경험을 통해 알 수밖에 없다.

첫 번째 부분은 말로 표현될 수 있다. 낡은 것이 사라졌다. 우리 모두는 낡은 것에 대해 잘 알고 있다. 하지만 새로운 것에 대해서는 아무 것도 모른다. 그러므로 새로운 것이 나타날 때, 그것은 문제를 일으킨다. 우리는 무엇이 무너졌는지, 무엇이 산산조각나고 사라졌는지 말할 수 있다. 그러나 새롭게 얻은 것에 대해서는 아무 말도 할 수 없다. 거기에 대해서는 침묵이 있을 뿐이다.

그것이 조주가 경험의 첫 번째 부분에 대해서만 말하는 이유이다. 두 번째 부분은 직접 경험되어야 한다. 두 번째 부분은 그대의 진정한 집, 그대의 본래 면목, 그대의 영원성을 발견하는 것이다. 하지만 직접 경험되지 않는 한 이것은 말에 불과하다. 직접 경험하면 오로지 그것만이 유일한 실체이다.

모든 것이 경험에 의존한다. 선은 경험이다. 선은 훌륭한 것에 대

해 말하지 않는다. 선은 철학이 아니다. 선은 아주 간단하고 분명한
현상이다. 안을 들여다보는 것, 이것이 선이다. 이보다 더 단순할
수 있겠는가? 내면을 들여다볼 때 전혀 새로운 세계의 문이 열린
다. 그대가 알고 있는 기존의 언어는 아무 쓸모도 없게 된다. 그대
가 말할 수 있는 것은 '낡은 것이 끝장났다'는 말이 전부이다.

새로운 것은 낡은 것과 완전히 단절되어 있다. 어떤 언어나 몸짓
으로도 새로운 것을 기존 체제가 허용하는 형태로 조작하는 것은
불가능하다.

새로운 것은 그것만의 고유한 언어를 갖고 온다.

새로운 것은 그것만의 고유한 집을 갖고 온다.

새로운 것은 그대의 궁극적인 실체를 갖고 온다.

조주는 남전선원(南泉禪院)에 처음 들어간 후, 승당(僧堂)에서
노두(爐頭)[1]를 맡았다.

어느 날, 그는 승당 문을 잠그고 불을 피워 연기가 가득 차게 만들
었다. 그리고는 '불이야, 불이야! 살려 줘!' 하고 소리쳤다.

상징적으로 볼 때, 이것은 모든 사람이 처해 있는 상황이다. 그대
는 불 속에서 살다가 불 속에서 죽는다. 그대의 가슴은 항상 온갖
질투와 분노, 탐욕으로 불타고 있다. 그 심리적인 불은 끊임없이 새
로운 고통과 상처를 만들어 낸다. 그리고 결코 자체적으로 치료하
지 못한다. 조주가 남전의 선원에 들어가 처음으로 벌인 일은 승당
에 불을 지르고 문을 걸어 잠그는 것이었다. 연기가 가득 차고 그는
타버릴 위험에 처했다. 그는 소리쳤다.

---

1) 지로(地爐 : 땅바닥에 만들어 놓은 화로)를 맡아 돌보는 당번.

"불이야, 불이야! 살려 줘!"

진정한 구도자는 이 말을 입 밖에 내든 내지 않든 진짜로 그런 느낌을 갖는다.

"불이야, 불이야! 살려 줘!"
대중이 문 앞으로 달려가자 조주가 말했다…….

이것은 조주의 선에 대한 엄청난 통찰력을 보여 준다. 그는 어린 시절 승려가 되어 열일곱 살 때 거의 깨달음의 경지에 도달했다. 그리고 남전과의 만남을 통해 완전히 깨달았다.

대중이 문 앞으로 달려가자 조주가 말했다.
"옳은 말을 내놓지 않으면 문을 열지 않겠다."

자, 그대는 어떻게 옳은 말을 할 수 있겠는가? 무엇이 옳은 말인가? 조주의 목숨이 경각에 달려 있다! 곧 불길이 번져서 목재로 지은 절은 화염에 휩싸일 것이다. 그런데 조주는 옳은 말을 요구하고 있다!
기록에 따르면, 선사들이 이렇게 말한 경우가 수없이 많다.
"자, 옳은 말을 내놓아라! 그대가 말해도 때릴 것이고 말하지 않아도 때릴 것이다. 어떻게 하겠는가?"
스승이 요구하는 것은 즉흥적인 반응이다. 스승은 시험 문제를 내고 있는 것이 아니다. 그는 어떤 상황을 만든다. 그 상황 안에서 그대는 과거의 기억을 통해서는 한마디도 할 수 없다. 스승은 그대가 말해도 때릴 것이고 말하지 않아도 때릴 것이다. 아무 말도 하지 않는 것이 곧 침묵을 의미하는 것이라고는 생각하지 마라. 그것이 침묵이냐 아니냐는 제자가 어떻게 반응하느냐에 달려 있다. 간혹 상황이 매우 곤란해지는 경우도 있다.

　옛날 어느 선원에 천 명의 구도자가 살고 있었는데, 그들은 우파와 좌파로 갈려 있었다. 선원의 스승에게는 고양이가 한 마리 있었다. 제자들은 스승의 고양이를 사랑하고 아꼈으며 양 파에서 서로 차지하려고 했다. 그래서 제자들 사이에는 고양이를 둘러싸고 싸움이 끊이지 않았다.

　마침내, 어느 날 스승이 선원의 대중을 모두 불러 모았다. 밖으로 볼일을 보러 나간 한 명의 승려를 제외하고는 나머지 구백 구십 구 명의 제자들이 모두 한자리에 모였다. 스승은 고양이를 움켜잡고 다른 손에는 칼을 들더니 말했다.

　"제대로 된 옳은 말을 내놓아라! 제대로 말하지 못하면 이 고양이를 두 동강 내버리겠다! 그래야 이 싸움이 끝날 것이다. 자, 빨리 옳은 말을 내놓아라. 그렇지 않으면 이 고양이는 목숨을 잃을 것이다."

　그러나 구백 구십 구 명의 제자들은 '무슨 말을 해야 옳은 대답이지?' 하고 묻는 표정으로 서로를 쳐다보고만 있었다. 결국 스승은 고양이를 두 동강으로 잘라 좌파와 우파에게 반씩 나누어 주었다. 고양이의 시체에서는 피가 철철 흐르고 있었다.

　얼마 후, 마을에 내려갔던 승려가 돌아왔다. 그는 선원에 들어오자마자 스승의 뺨을 후려갈겼다!

　스승이 말했다.

　"훌륭하다! 네가 여기에 있었다면 불쌍한 고양이를 살릴 수도 있었을 텐데."

옳은 대답은 이런 것이었다.

"고양이를 자른다고요? 무슨 말도 안되는 소리를 하십니까? 살아 있는 생명체를 그렇게 동강 내는 것은 용납할 수 없습니다!"

스승이 말했다.

"이것이 옳은 대답이다. 그런데 구백 구십 구 명의 승려들은 내게 달려들어 나를 때릴 용기가 없었다. 나는 기회를 주었다……. 그들은 고양이를 살릴 수도 있었다. 그런데 그들의 마음속엔 나를 때릴 생각조차 떠오르지 않았다."[2]

깨달음에 매우 근접한 사람만이 고양이를 살릴 생각을 떠올릴 수 있다. 그것은 즉흥적인 반응이다. 그렇지 않다면 스승을 때리는 경우는 매우 드물다. 스승이 제자를 때리는 것은 아무 문제도 없다. 그러나 제자가 스승을 때린다는 것은…… 그런 예가 몇 있다. 그리고 그들은 항상 옳다. 제자는 스승이 어리석은 요구를 하고 있다는 사실에 대해 훌륭한 통찰력을 보여 준다.

대중이 문 앞으로 달려가자 조주가 말했다.

"옳은 말을 내놓지 않으면 문을 열지 않겠다."

대중에게서 아무 응답이 없었다. 그런데 남전이 창문으로 열쇠를 던져 넣으니 조주는 즉시 문을 열고 나왔다.

사실, 조주는 열쇠가 없었기 때문에 문을 열 수 없었다. 그것이 옳은 대답이었다. 조주는 갇혀 있었으며 열쇠가 필요했다. 그런데 문이 잠겨 있다는 사실에 대해 생각한 사람은 아무도 없었다.

---

2) 남전참묘(南泉斬猫)의 공안에서 인용된 이야기이다.

　　그런데 남전이 창문으로 열쇠를 던져 넣으니 조주는 즉시 문을 열고 나왔다.

'옳은 말'은 명확한 인식과 지성으로 상황에 대처하는 즉흥적인 대응을 의미한다. 상황에 대처하는 데에는 두 가지의 가능성이 있다. 하나는 '반사적인 반응(reaction)'이다. 그때, 그대는 '무엇이 옳은 말인가?' 하고 궁리하기 시작한다. 그대는 핵심을 벗어난다. 그대는 계속해서 생각하고 사전(辭典)을 참고할 수도 있다. 그러나 옳은 말을 찾지 못할 것이다. 두 번째 가능성은 '반사적인 반응 (reaction)'이 아니라 '즉각적인 대응(responsibility)'이다. 즉각적인 대응은 기억의 저장 창고 안으로 들어가지 않는다는 것을 의미한다. 그대는 상황을 직접 일목요연하게 본다. 문이 닫혀 있고 불길은 점점 거세진다. 명확한 인식을 가진 사람은 문을 열고 조주를 구해낼 방법을 생각할 것이다. 그것이 옳은 말이며 옳은 대응이다.

　　기또[3]는 이렇게 읊었다.

　　밤마다 산 위에 빛나던 별들은
　　새벽을 향해 되돌아가고,
　　해마다 겨울이면 눈이 내린다.
　　이런 광경을 보면서
　　석가 여래가 특정한 장소에 있다고
　　상상하는 것은 얼마나 어리석은 짓인가!
　　그것은 강의 한 지점을 표시하기 위해
　　배 옆에 표식을 새기는 것과 같다.

---

3) 일본의 선사.

먼저 짧은 이야기 한 토막을 들려주겠다.

물라 나스루딘은 낚시광이었다. 그의 부인은 '왜 나를 데리고 다니지 않는 거죠? 언젠가 꼭 나랑 같이 가야 돼요!'하고 고집을 피웠다. 그럴 때마다 나스루딘은 이렇게 말했다.

"나는 당신에게 신경 쓸 시간이 없단 말이오. 나는 잔뜩 낚시에 몰두하고 있는데, 당신은 옆에서 계속 쫑알댈 게 아니오?"

그러나 부인은 절대 입을 열지 않기로 약속했다. 그래서 나스루딘은 부인을 데리고 갔다.

나스루딘 부부는 배를 타고 강으로 나갔다. 그날은 참 이상하리만치 고기가 많이 잡혔다. 전에 없던 일이었다. 그것은 아내가 몰고 온 행운이 분명했다. 나스루딘은 아내에게 감사했다.

그가 말했다.

"그것 참 신기한 일이군! 그 동안 나는 좋은 자리를 찾아 다녔지만 기껏해야 몇 마리 낚았을 뿐인데, 이 자리는 온갖 고기들이 들끓고 있어! 낚시를 던지기가 무섭게 걸려드는구먼. 잊어버리지 않도록 이 자리에 표시를 해야겠어. 그렇지 않으면 다음에 이 자리를 찾기가 힘들 거야."

그는 백묵으로 배 옆에 X자 표시를 했다. 고기가 많이 잡히는 장소를 기억하기 위해서! 그러나 배에 표시를 하는 것이 무슨 소용이란 말인가?

기또는 말한다.

밤마다 산 위에 빛나던 별들은
새벽을 향해 되돌아가고,
해마다 겨울이면 눈이 내린다.
이런 광경을 보면서

석가 여래가 특정한 장소에 있다고
상상하는 것은 얼마나 어리석은 짓인가!
그것은 강의 한 지점을 표시하기 위해
배 옆에 표식을 새기는 것과 같다.

그대의 모든 표식은 배 위에 새겨진 것이다. 그것은 강의 한 지점
을 발견하는 데 아무 도움도 되지 않는다. 강물에는 표식을 남길 수
없다. 표식을 남기는 순간, 그 표식은 사라진다.

그대는 나스루딘을 비웃을 것이다. 그러나 그의 일화는 암시하는
바가 크다. 그대의 불상(佛像)은 무엇인가? 그것은 배 위에 새긴
표식이다. 붓다는 우주로 사라졌다. 하늘을 나는 새들이 발자국을
남기지 않듯이 그는 아무 흔적도 남기지 않았다. 그대는 붓다를 찾
으러 어디로 갈 것인가?

그대는 절을 짓고 불상을 만든다. 이것이 표식이라고 생각하는
가? 그대는 붓다를 포착할 수 없다. 영원 위에, 우주 위에 X자 표
식을 하는 것은 불가능하다. 그대의 경전, 동상, 사원 등 그대가 무
엇을 하든 간에 그것은 배 위에 표시를 하는 것만큼이나 어리석은
짓이다.

마니샤의 질문

남전이 조주를 '특별 대접'하라고 했을 때, 그것은 조주가 <노자 하우스 : Lao Tzu house>[4]에 들어가 스승과 사적인 대화나 잡담을 나누는 것을 의미하지는 않았습니다. 오히려 조주가 제일 먼저 맡은 일은 <조르바 붓다 레스토랑 : Zorba the Buddha restaurant>[5]에서 뜨거운 난로를 관리하는 일이었습니다. 여기서 우리가 배울 점은 무엇입니까?

마니샤, 그대의 질문은 마음에서 나온 것도 아니고 무심에서 나온 것도 아니다. 그대의 질문은 편두통에서 나온 것이다. 나는 그대를 내려칠 수도 있다. 그러나 나는 사람들을 때리지 않는다. 나의 대리인인 돌머리 니스크리야(Niskriya)[6]는 지금 독일에서 사람들을 후려치고 있다. 나는 그가 사람들의 가슴을 깔고 앉아서 '그것을 얻었는가?' 하고 물으면서 후려친다는 소식을 들었다. 이 이상한

---

4) 오쇼가 거처하던 집. 여기서는 스승의 거처를 상징하는 의미로 썼다.
5) 인도 뿌나의 오쇼 아쉬람에 있는 부페식 식당.
6) 오쇼의 독일인 제자로 아쉬람에서 비디오 촬영기사로 일했다. 아쉬람과 독일을 오가며 선(禪)을 가르친다. '스톤헤드(Stonehead)'라는 별명으로 불리기도 한다.

사내를 치우기 위해 사람들은 '예, 얻었습니다. 그런데 그것이 무엇입니까?' 하고 물어야 한다. 그러면 니스크리야는 이렇게 말한다.

"나도 모른다. 나는 다만 메시지를 전하고 있을 뿐이다."

다행스럽게도 그는 여기에 없다. 그렇지 않았다면 그대는 그에게 한 방 얻어맞았을 것이다!

'특별 대접'이란 말은 특별한 일을 의미하지 않는다. 그것은 이런 뜻이다.

"이 사람을 눈여겨 보라. 그는 거의 꽃필 때가 되었다. 어떤 식으로든 그를 무시하지 마라. 여기에는 수천 명의 승려가 있기 때문이다……. 그에게 무슨 일을 맡기든 그것은 중요한 문제가 아니다. 다만 그를 눈여겨 보고 잘 돌보라. 지금은 그에게 아주 소중한 시간이다. 그는 무르익어 가고 있다. 그는 어느 순간 갑자기 깨달음을 폭발시킬지 모른다. 그는 이미 사토리(satory)를 얻었다……."

'사토리'는 사마디(三昧 : samadhi)를 가리키는 일본어이다. 사토리는 사마디와 동격이다. 사마디와 깨달음은 보통 동의어로 간주된다. 그러나 그것은 진실이 아니다. 그것은 파탄잘리(Patanjali)[7] 가 「요가 수트라 : Yoga Sutra」에서 사마디를 정의한 데에서 잘 나타난다. 그는 사마디를 가장 내적인 중심만이 깨어 있는 깊은 잠으로 말한다. 사방이 깊은 잠과 어둠, 무의식으로 둘러싸여 있다. 단지 중심에만 작은 촛불이 타고 있다. 따라서 파탄잘리는 사마디가 잠과 크게 다르지 않다고 말한다. 유일한 차이점은 잠을 빛이 없는 집에 비유한다면, 사마디는 촛불이 켜진 집으로 비유할 수 있다는 것이다.

---

7) 요가학파의 개조(開祖). B.C. 2세기의 인물로 추정되며, 요가학파 최고(最古)의 문헌이자 근본 경전인 「요가 수트라」를 썼다고 전해진다.

반면, 깨달음은 프라즈나(Prajna)[8]이다. 이것을 더 분명하게 이해하기 위해 사다리에 대해 생각해 보자. 우리는 사다리의 중간 지점에 존재한다. 우리의 밑 쪽으로는 잠재의식, 무의식, 집단 무의식, 우주 무의식이 있다. 만일 밑으로 파고든다면 우주 무의식을 통해 우주로 들어갈 수 있다. 그렇듯 사마디는 깊이로 파고드는 길이다.

깊이로 파고드는 단계가 있듯이 그대의 위로 올라가는 단계도 있다. 우리의 위쪽에는 초의식, 집단 초의식, 우주 초의식이 있다. 그 지점까지 뛰어오를 때, 그것이 곧 깨달음이다. 깊이로 파고들건 위로 올라가건 경험은 똑같다. 두 쪽 다 무심으로 들어간다. 그러나 한쪽은 어둠의 길을 통해 들어가는 반면, 다른 쪽은 빛의 길을 통해 들어간다.

어둠의 길은 위험하다. 그대가 어느 지점에 있는지 확실치 않기 때문이다. 어둠의 길을 통해 깨달음을 얻은 사람은 극소수이다. 어쩌면 라마크리슈나(Ramakrishna)가 유일한 사람일지도 모른다. 많은 사람들이 그 길을 시도했다. 하지만 분명한 것은, 그 길을 통해 궁극의 깊이에 도달한 것은 다만 우연이었다는 사실이다.

위를 향해 움직일 때 그대는 충만한 빛 속에서 움직인다. 그리고 위로 올라갈수록 더 많은 빛을 갖게 된다. 최고의 정점에서는 모든 것이 순수한 빛으로 화한다. 그 길은 매우 아름답다. 그 길은 우연

---

8) 궁극의 지혜인 반야(般若)를 말한다. 계(戒), 정(定), 혜(慧) 중에 사마디가 定이라면 프라즈나는 慧에 속한다. 육바라밀(六波羅密)에서의 반야는 제법(諸法)의 공(空), 즉 무실체성(無實體性)의 진리를 깨닫는 지혜를 말한다. 용수(龍樹)의 이제설(二諦設)에 의하면, 속제(俗諦)가 세상 사람들의 상식적인 눈으로 바라보는 세상을 의미하는 반면, 진제(眞諦)는 사물을 있는 그대로 바라보는 반야의 눈을 통해 보는 것으로서 언어를 초월한 공(空)의 진리를 말한다.

에 의존하지 않는다. 그것은 매우 의도적이고 의식적인 길이다.

그러나 이런 구별이 행해진 바 없기 때문에 라마크리슈나와 붓다를 똑같이 취급하는 오해가 계속되고 있다. 마지막 지점에서 볼 때 그들은 똑같다. 하지만 그들이 걸어간 길은 정반대이다. 라마크리슈나는 우연적이다. 그가 어둠 속에서 빛 쪽으로 방향을 잡은 것은 단지 우연일 뿐이다. 궁극의 지점에 도달할 확률보다는 길을 잃어버릴 가능성이 더 많다.

고탐 붓다는 더 안전하고 과학적인 길을 걸었다. —그대의 의식적인 마음을 넘어가라. 그것을 더 의식적인 초의식으로 만들라. 그러면 항상 더 높은 경지, 더 빛나는 공간으로 들어갈 것이다. 길을 잃을 위험이 없다. 계속 나아가기만 하면 확실하게 깨달음에 도달할 수 있다. 이것은 우연이 아니라 과학적인 결론이다.

사토리는 사마디를 번역한 말이다. 그것이 지금 조주가 사토리를 얻었다고 말하는 이유이다. 조주는 남전을 만난 뒤 말했다.

"이제 저는 만족했습니다."

왜냐하면 남전을 통해 조주는 난생 처음으로 빛의 길을 보았기 때문이다. 그 길에서는 우연히 깨달음을 얻지 않는다. 모든 단계가 철저하게 계산되어 있으며, 매우 의식적이고 주의 깊다.

그러므로 조주를 특별히 대접하라는 남전의 말은, 조주에게 특별한 관리를 제공하라는 뜻이 아니다. 그것은 소수에게 아무 일도 시키지 말라는 말도 아니며, 조주를 다른 사람보다 우월한 인물로 대하라는 말도 아니다. 그에게 아무 일이나 시켜라. 그것은 선원을 관장하는 유나승(維那僧)의 기능이다. 그러나 그를 눈여겨 보라. 그를 잊지 마라. 유나승인 그대는 수천 명이나 되는 사람들을 돌보아야 하지만 이 사내를 눈여겨 보라. 이 사내는 깨닫지 못한 상태에 오래 머물지 않을 것이다. 그는 아주 가까운 시일 내에 붓다가 될 것이다.

특별 대접이 <노자 하우스>에 들어가 스승과 일상적인 대화를 나누는 것을 의미한다는 물음은 마니샤에게만 국한된 것이 아니다. 그대가 무엇을 묻고 있는지 알고 있다면……. 그대는 자신의 질투를 아는가? 그대의 여성적인 속성을 아는가? 나와 만나도록 허용된 사람들이 일상적인 수다를 떨고 있는지 어떻게 아는가? 그들은 자신의 일을 하고 있는 것이다. 그들은 지시를 받을 필요가 있다. 그들은 일 때문에 불려 오는 것이다. 그들이 나와 잡담을 나눌 권리를 갖고 있는 것이 아니다. 내가 무엇에 대해 수다를 떨겠는가?

그대가 그대의 일을 하듯이 그들도 그들의 일을 한다. 다른 사람들은 그대를 질투한다. 그대 또한 노자 하우스에 들어와 나의 말을 편집하는 일을 하고 있지 않은가? 우리가 모두 죽은 뒤에도 마니샤가 수집하고 편집한 작품은 영원히 기억될 것이다.

우리의 질투를 없애는 것은 매우 어렵다. 첫 번째 공동체[9]가 파괴된 것은 여성들의 질투 때문이었다. 그들은 싸움을 그치지 않았다. 두 번째 공동체 역시 여성들의 질투로 인해 파괴되었다. 그리고 지금 이 공동체는 세 번째이자 마지막 공동체이다. 나는 지쳤기 때문이다. 가끔씩 나는 붓다가 이십 년 동안 자신의 공동체에 여성을 받아들이지 않은 것은 잘한 일이었다는 생각이 든다. 그러나 나는 그의 입장을 찬성하지 않는다. 나는 남성과 여성에게 똑같이 깨달음의 기회를 허용한 최초의 인물이다. 그런데 나는 두 번이나 곤욕을 치러야 했다. 그것은 여성의 질투로 인해 빚어진 일이었다.

---

9) 오쇼의 공동체는 3기로 나눈다. 미국으로 건너가기 전 뿌나에서 활동하던 시대가 1기이며, 미국의 오레곤 주에 있는 공동체가 2기이다. 그리고 다시 인도 뿌나로 돌아온 때가 3기이다.

그럼에도 불구하고 나는 굽힐 줄 모르는 사람이다. 두 번의 공동체가 무너짐으로써 엄청난 노력이 낭비되었다. 이제 나는 세 번째 공동체를 시작했지만 아무 것도 달라지지 않았다. 여전히 지금도 여성들이 맹렬히 활동하고 있다. 나는 이 공동체의 여성들이 전통적인 여성처럼 행동하지 말기를 원한다. 그러나 작은 질투가…….

어떤 사람들은 나를 위해 음식을 만든다. 공동체 전체가 그 일을 할 수는 없다. 또 어떤 사람들은 나의 방과 욕실을 청소한다. 그 일을 하는 데 공동체 전체가 필요하지는 않다.

지금, 마니샤의 질문은 질투로 가득 차 있다. 이렇게 말한 사람은 나만이 아니다. 니르바노(Nirvano)[10]는 경문(經文)과 질문을 내게 가져와서는 질문을 다른 것으로 바꾸는 것이 어떻겠냐고 말했다. 나는 바꾸지 말고 그대로 놔두라고 일렀다. 왜냐하면 공동체의 삶에서 우리는 아무 두려움 없이 우리 자신을 노출시켜야 하기 때문이다. 사랑은 두려움을 모른다. 그대의 마음속에 무엇인가 떠오른다면 숨김 없이 그것을 말해야 한다.

한 가지 명심해야 할 사실이 있다. 이곳에 있는 모든 사람은 자신의 일을 하고 있다. 어느 누구도 다른 사람을 지배하지 않는다. 물론 모든 사람은 의견을 제시하고 도움을 줄 수 있다. 하지만 그것은 그대를 꼭두각시로 만든다는 것을 의미하지 않는다. 이곳에는 꼭두각시가 없다. 이곳은 철저하게 독립적인 개인들의 모임이다.

그러나 그런 사실로 인해 더 많은 책임감, 더 많은 각성과 주의가 필요하다. 바깥 세상에서 그대는 질투와 지배, 완고함을 배워 왔다.

---

10) 비베크(Vivek)라는 이름으로 더 잘 알려진 여성으로 오쇼의 제자이다. 전생의 인연으로 인해 오쇼의 보호자가 되었다고 한다. 오쇼보다 한달 앞서 세상을 떠났다.

그대는 '나는 내 맘대로 할 것이다, 옳으냐 그르냐는 중요한 문제가 아니다'라고 배워 왔다. 바깥 세상에서는 그런 태도가 완벽하게 옳다. 왜냐하면 바깥 세상은 더 이상 악화시킬 수 없을 정도로 혼란의 극치이기 때문이다. 그러나 최소한 이 작은 공동체에서는 바깥 세상에서 통용되는 원칙을 적용하지 마라.

우리는 위대한 실험을 하고 있다. 우리는 각각 독립적인 개인이 타인을 노예화시키지 않고도 모여서 살 수 있는 실험을 하고 있는 것이다. 여기에서는 모든 사람이 평등하다. 무슨 일을 하느냐는 중요하지 않다. 요리를 하든, 청소를 하든, 책을 편집하든 그것은 문제가 안된다. 중요한 것은 요리를 할 때 붓다가 요리를 하듯이 깨어 있는 상태에서 해야 한다는 것이다. 그리고 그대는 다른 붓다들을 위해 요리하고 있다. 그대의 요리는 깨어있는 의식과 사랑으로 행해져야 한다. 그것은 의무가 아니다. 그것은 공동체에 대한 그대의 공헌이며 나누어 주는 행위이다. 그것은 다른 사람의 일만큼이나 가치 있는 일이다. 만일 그대가 화장실을 청소한다면 그것은 공동체의 대표자가 되거나 비서가 되는 것처럼 존경할 만한 일이다. 결코 질투의 문제는 생기지 않는다. 아무도 다른 사람보다 우월하지 않기 때문이다.

나는 이것을 진정한 공산주의(communism)라고 부른다. 소련의 공산주의는 실패했다. 그것은 독재와 지배욕 때문이었다. 자유를 사랑하는 많은 사람들이 죽음을 당했다. 스탈린(Stalin) 혼자 백만 명의 사람을 죽였다. 그는 사상의 차이를 용납하지 않았다. 스탈린이 죽고 흐루시초프(Khrushchev)가 권력을 잡은 후에도 상황은 바뀌지 않았다. 그는 여전히 공산당 최고 위원회의 우두머리였으며, 다른 정당은 허용되지 않았다. 그는 십년 동안 스탈린과 함께 활동했으며, 스물 한 명의 최고위원 중에서 스탈린의 측근 중 한 명이었다. 그는 스탈린을 승계했다. 스탈린이 죽은 후 그는 공산당 전당대회에서 이렇게 말했다.

"스탈린은 백만 명에 달하는 인민을 학살하고 국가 전체를 노예 수용소로 만들었습니다."

그때, 뒷 좌석에서 어떤 사람이 말했다.

"그러나 당신은 지금까지 스탈린과 함께 행동했습니다. 왜 반대하지 않았습니까?"

흐루시초프의 대답은 매우 의미심장하다. 그는 이렇게 말했다.

"지금 말한 사람은 일어서시오. 물은 사람이 누구요? 당장 일어서시오!"

아무도 일어서지 않았다. 일어선다는 것은 곧 최후를 뜻하기 때문이다!

흐루시초프가 말했다.

"바로 이것이 내가 침묵을 지킨 이유입니다. 당신이 일어서지 않은 이유는 무엇이오? 만일 내가 뭔가 반대했다면, 스탈린의 마음속에 '흐루시초프는 나와 전적으로 의견을 같이 하지 않을지도 모른다'는 의문이 조금이라도 생겼다면, 나는 그대로 끝장날 판이었습니다. 그러니 쓸데없이 파멸을 자초할 필요가 있었겠습니까? 당신 자신을 봐도 그것을 알 수 있습니다. 당신은 지금 앉아서 침묵을 지키고 있습니다. 일어나면 끝장이라는 것을 알기 때문입니다. 그리고 당신은 행방이 묘연해질 것입니다."

공산주의는 독재적인 이데올로기로 인해 완전히 붕괴되었다.

나는 기본적으로 공산주의자이며 무정부주의자이다. 그리고 그보다 더 위험한 온갖 사상을 갖고 있다!

여기서 우리는 평등하게 살 수 있는 작은 규모의 실험을 하고 있다. 그대의 일은 그대의 개성에 아무 차이점도 만들지 않는다. 아무도 꼭두각시가 아니다. 이곳에는 꼭두각시를 부리는 사람이 없기 때문이다. 나는 아무 지위도 없다. 나는 산야스 운동(sannyas movement)의 멤버도 아니다. 나는 다만 손님일 뿐이며 전적으로 그대들의 처분에 자신을 맡기고 있다.

나는 인간이 인간을 지배한다는 관념을 혐오한다. 그리고 이곳에서는 아무도 지배하는 사람이 없다. 모든 일이 물 흐르듯 아름답게 진행되고 있다. 그러나 그대의 질문은 아마 많은 사람들이 품고 있는 의문일 것이다. 그래서 나는 니르바노에게 질문을 바꾸지 말고 그대로 놔두라고 말한 것이다.

마니샤는 어리석은 질문을 하지 않기에 충분할 정도로 지성적인 여인이다. 그런데 지금 그녀는 편두통을 앓고 있다. 그녀는 오늘도 두통을 앓고 있을 것이다. 나는 이것을 한점 의심도 없이 확실하게 말할 수 있다. 두통이 없었다면 그녀는 이토록 어리석은 질문을 하지 않았을 것이다. 편두통 증세가 있으면 이상한 생각이 떠오르고 아무 일도 할 수 없다. 온 세상이 지옥처럼 보인다. 그리고 자신이 뭔가 곤욕스러운 일을 하고 있는 것처럼 느껴진다. 그것은 호르몬의 화학적인 작용 때문이다. 심술을 부리고 싶고, 모욕적인 언사를 행하고 싶어진다. 그러나 인간이 그렇게 하는 것이 아니다. 그것은 화학적인 작용이다.

지금, 마니샤에게는 나의 대답이 아니라 암리또(Amrito)[11]의 주사가 필요하다.

---

11) 오쇼의 제자이며 주치의.

 3.

하늘과 땅만큼 멀다

조주는 삼십 년 동안 남전과 함께 지냈다.

그리고 깨달음을 얻은 후 조주는 관음원(觀音院)에서 삼십 년을 더 살았다.

한때, 그는 이렇게 말했다.

"사방 굴뚝에서 연기가 일지만 나는 부질없이 바라보노라.

만두와 찐떡도 작년에 이별하였고

오늘 생각해 보니 공연히 군침만 도는구나.

불교(佛敎)를 생각함도 없이 한탄만 잦구나.

백 집을 뒤져봐도 좋은 사람 없어라.

찾아오는 사람은 오직 차를 마시겠다고 하는데

차를 마시지 못하면 화를 내고 가버린다."

한 승려가 물었다.

"털끝만한 차이가 있을 때에는 어떻습니까?"

조주가 대답했다.

"하늘과 땅만큼 벌어진다."

승려가 다시 물었다.

"털끝만한 차이도 없을 때에는 어떻습니까?"

조주가 대답했다.

"하늘과 땅만큼 벌어진다."

마니샤, 조주의 경전을 논하기 전에 매우 현대적인 물건을 소개해야겠다. 이 물건은 고대의 신들과 관련이 있다. 아비르바바 (Avirbhava)와 아난도(Anando)를 불러 그대들에게 그 물건을 보여 주기 전에, 번개에 대해 몇 가지 말해야겠다.

인간이 이해할 수 없는 신비로운 것은 무엇이나 신이 되었다. 번개는 매우 신비한 현상이다. 번개는 어디에서 왔다가 어디로 사라지는 것일까? 번개는 갑자기 나타났다가 갑자기 사라진다. 그리고 또한 번개는 위험스럽다. 번개는 사람, 나무, 동물을 죽인다. 그러므로 번개는 어떤 신의 수중에 있는 것이 틀림없다. 아마 번개는 적을 응징하는 신의 무기일 것이다.

인도에서는 인드라(Indra)신이 수천 년 동안 숭배되고 있다. 그는 번개와 구름과 비의 신이다. 그를 만족시키기 위해 인간까지 제물로 바쳐졌다. 곡물과 가축이 망가지는 것을 피하고, 마을에 벼락이 내리는 것을 피하기 위해서였다. 모든 신은 공포에서 비롯된다. 두려움과 무지가 신을 탄생시키는 것이다. 그러므로 먼저 번개에 대해 몇 가지 짚고 넘어가야겠다…….

"예수가 탄생하기 수천 년 전, 고대문명 사회에서는 번개가 신의 분노와 위력을 과시하는 것이라고 믿는 사람들이 있었다. 그리스 신화에 따르면 번개는 신들의 제왕인 제우스(Zeus)의 무기였다."

"남아프리카에는 번개가 새(鳥)라는 전설이 광범위하게 퍼져 있다. 아메리카 인디언의 신화에 따르면, 해와 달은 거북이가 하늘에 올라가 모은 번갯불로 만들어졌다."

"인도에는 번갯불을 휘두르는 폭풍의 신 인드라(Indra)가 있다."

"오스트레일리아의 원주민 신화에 따르면 번개 인간이 있는데, 그는 건기 때는 물 웅덩이 속에 살다가 우기가 되면 천둥 벼락의 위에 올라탄다. 천둥은 그의 목소리인데, 그는 돌도끼로 나무와 사람들을 내리친다.”

이런 고대의 개념과 연관되어 나타나는 것이 오라(aura)에 대한 개념이다. 이제 인간이 전기적인 에너지를 갖고 있다는 것은 과학적인 사실로 밝혀지고 있다. 몇 년 전, 스위스에서는 우연히 한 여인이 강한 전기를 띠게 되었다. 남편조차 그녀의 몸에 손을 댈 수 없었다. 아이들은 집에서 도망쳤다. 왜냐하면 그녀가 만지는 사람은 모두 강한 전기 쇼크를 받기 때문이다. 그녀는 병원으로 보내졌는데, 그녀가 손을 대기만 해도 전구에 불이 들어왔다. 전선이나 전기 장치도 필요 없었다. 그녀의 몸은 강한 에너지로 가득 차 있었다.

이런 에너지는 건강한 육체를 지닌 사람의 경우 몸 둘레 1인치까지 발산된다. 더 많이 발산될수록 육체 주변의 오라가 커진다. 그리고 육체가 쇠약해질수록 오라는 위축된다. 또 죽은 사람에게는 오라가 사라진다.

이젠 킬리언(Kirlian) 사진술을 이용해 그대의 오라를 찍을 수 있다. 크리슈나, 붓다, 예수의 동상이나 그림을 보면 그들의 머리 위에 오라가 있는 것을 볼 수 있을 것이다. 그것은 단지 신화적인 의미로 해석되어 왔다. 그러나 그렇지 않다. 그들의 주변에는 어떤 에너지 장(場)이 있다. 그 에너지 장을 암시하기 위해 모든 신들의 그림에는 오라가 있다. 그것은 매우 상징적이다. 오라는 머리에 국한되지 않는다. 고대인들은 분명히 어떤 에너지의 발산 현상이 있다는 것을 인지했던 것이다.

한 인간이 더 많이 깨달을수록 그의 주변에 있는 에너지장은 더 확대된다. 그 에너지의 영역 안에 들어가는 사람은 누구든지 갑자기 전혀 색다른 분위기, 전혀 다른 침묵과 평화의 영역에 들어온 것

같은 느낌을 받는다. 이것은 스승을 발견하는 기준이 되어 왔다. 스승을 발견할 수 있는 가시적(可視的)인 징조는 없다. 유일한 방법은, 어떤 사람에게 가까이 갔을 때 그대의 내면에서 어떤 변화가 일어나기 시작하고 꽃이 활짝 피어난 것 같은…… 돌연 그대는 봄이 온 것 같은 느낌을 받는다. 그 사람은 아무 것도 하지 않았다. 오라는 눈에 보이지 않는다. 그러나 오라는 스승의 가까이 있는 제자의 내면에 기적을 일으킬 수 있다.

선에서는 이것을 '등불을 전한다'고 말한다. 스승은 아무 것도 주지 않는다. 그런데 제자는 무엇인가 받는다. 어둠에 싸였던 집이 이제는 환하게 밝혀졌다.

아비르바바는 오라를 일으킬 수 있는 기계를 가져 왔다. 그대는 오라를 볼 수 없다. 그런데 이 기계에 전구를 가까이 대면 갑자기 전구에 불이 들어온다. 아무 연결 장치도 없이 말이다. 책과 같은 장애물을 사이에 끼워도 달라지지 않는다. 석벽(石壁)으로도 오라를 막지 못한다. 오라는 문도 없이 그대로 벽을 통과한다.

신박물관(神博物館)에 들어 온 그 새 품목을 가져 오기 전에 오라에 대해 몇 가지 더 알아두는 것이 좋을 것이다.

"인간의 육체 주변에는 전자기(電磁氣)의 보호막이 있다. 그 전자기는 육체에 의해 형성된 방사물질로 구성된다. 오라는 에너지의 분수처럼 보이며, 발산 현상이 정상적일 때에는 뚜렷하고 질서 정연한 형태를 갖는다."

"오라는 해, 달, 동물, 식물, 돌, 사람 등 주변에 있는 모든 것으로부터 전해지는 진동을 흡수하고 감지한다. 그리고 의식이 개발됨에 따라 오라 또한 개발된다."

"'오라(aura)'라는 단어는 'avra'라는 그리스 어에서 나왔다.

'avra'는 산들바람을 의미한다."

확실히 오라는 산들바람과 같다. 산들바람은 눈에 보이지 않지만 느껴질 수는 있다.

"육체에서 뻗어나가는 아스트랄체(astral body)와 멘탈체(mental body)의 오라장(場)은 에테릭체(etheric body)의 오라장보다 더 멀리 뻗어나간다. 멘탈체와 아스트랄체의 오라장은 희미한 색깔과 리드미컬한 파동으로 인해 마치 산들바람에 움직이는 것 같은 인상을 준다."

"명상중에는 존재의 활동성이 강화되며, 그 에너지는 멘탈체와 아스트랄체, 에테릭체의 영역으로 흘러들어간다. 그래서 오라의 색깔이 더 선명해지고 범위가 기대된다. 오라는 종종 육체를 둘러싸고 있는 불길로 묘사되기도 한다."

자, 이제 아비르바바와 아난도는 그 기계 장치를 갖고 오라.

(아난도와 아비르바바가 전구가 빛나는 이상하게 생긴 기계를 밀고 들어왔다. 청중은 이 새로운 물건에 대해 박수 갈채를 보냈으며, 기계는 바퀴를 굴리며 사라졌다.)

자, 이제 마니샤가 가져온 경문을 보자.

조주는 삼십 년 동안 남전과 함께 지냈다.

그리고 깨달음을 얻은 후 조주는 관음원(觀音院)에서 삼십 년을 더 살았다.

한때, 그는 이렇게 말했다.

"사방 굴뚝에서 연기가 일지만 나는 부질없이 바라보노라.

만두와 찐떡도 작년에 이별하였고

오늘 생각해 보니 공연히 군침만 도는구나.

불교(佛敎)를 생각함도 없이 한탄만 잦구나.
백 집을 뒤져봐도 좋은 사람 없어라.
찾아오는 사람은 오직 차를 마시겠다고 하는데
차를 마시지 못하면 화를 내고 가버린다."

그가 말하는 것은 모두 상징적이다. 먼저 그대는 남전이 조주와 삼십 년을 함께 지냈다는 사실을 알아야 한다. 남전은 조주가 완전히 만개해서 영혼의 광채를 내뿜는 꽃이 되기를 기다리고 있었다. 그대가 주목해야 할 사실은, 스승도 제자도 서둘지 않았다는 점이다. 요즘 같은 현대에 어떤 사람에게 '그대는 이곳에 삼십 년 동안 머물러야 할 것이다, 그 다음에야 희망을 가질 수 있다, 그래도 그대가 깨달음을 얻게 될지는 보장할 수 없다'고 말한다면…….

세상은 여러 면에서 변했다. 그중에서 가장 특기할 만한 사실은 모든 사람이 이유도 모르면서 서둘고 있다는 것이다. 모든 사람이 질주하고 있다. 어디로 가는지, 왜 달리는지도 모르면서.

모든 사람이 돈, 권력, 명예를 얻기 위해 애쓰고 있다. 그것을 갖고 무엇을 할 것인지 생각해 보지도 않고 말이다. 곧 죽음이 그대의 문을 두드릴 것이다. 그러면 모든 것이 물거품처럼 사라질 것이다.

죽음에 의해 빼앗길 수 있는 것은 축적할 가치가 없는 것들이다. 죽음이 파괴할 수 없는 것을 축적하라. 역사에는 오직 영원불멸한 것을 염원하던 시대가 있었다. 죽을 수 있는 것은 이미 죽은 것이다. 다만 시간이 문제일 뿐이다. 오늘이나 내일 그것은 죽을 것이다. 육체도 죽고 마음도 죽는다. 그것들은 더 이상 관심의 대상이 아니다. 더 깊은 것에 관심을 가져야 한다. 그대의 내면에는, 그대의 빈 가슴 안에는 죽지 않는 어떤 것이 숨겨져 있는가? 시간이 있는 동안 그것을 발견하라.

우리가 통과해 왔으면서도 지금은 까맣게 잊어버린 황금 시대의 모든 노력은……. 지성적인 사람들은 오직 인간 안의 영원한 것을 발견하는 데 관심을 가졌다. 그러므로 삼십 년이란 세월은 문제가 되지 않았다. 시간을 헤아리는 사람은 아무도 없었다. 달력은 고려의 대상이 아니었다. 아무도 스승에게 '이 년 동안이나 이곳에 있었는데 아무 일도 일어나지 않았습니다' 하고 말하지 않았다.

주나이드(Junnaid)[1]가 생각난다. 그는 새로 들어온 제자들에게 이런 이야기를 처음으로 들려주곤 했다.

"나의 생애에 대한 이야기를 명심하라……. 나는 스승과 십이 년을 함께 지냈다. 그는 삼 년 동안 나를 거들떠보지도 않았다. 나는 그의 옆에 가만히 앉아 있었다. 그에게는 수천 명의 제자가 있었다. 많은 사람들이 문제를 해결하러 왔다가 가곤 했지만 그는 내게 눈길 한 번 주지 않았다. 질문은커녕 나를 소개할 수도 없었다. 그는 마치 내가 그 자리에 없는 것처럼 행동했다. 그는 나를 철저히 무시했다.

삼 년이 지나자, 그는 처음으로 나를 쳐다보았다. 그의 눈길만으로도…… 마치 첫 비를 맞듯이 나는 새로운 에너지에 흠뻑 젖었다. 마치 이제까지 죽어 있었던 것처럼 느껴질 정도였다. 그의 시선은 갑자기 나를 살려 놓았다……."

새로운 문, 새로운 차원이 열렸다. 다시 삼 년 동안은 다른 움직임이 없었다. 그러나 주나이드는 완벽하게 만족했다. 다시 삼 년이 지난 후, 스승은 주나이드의 머리를 만졌다. 그때의 경험을 주나이드는 이렇게 말했다.

"나는 엄청난 평화를 느꼈다. 깊이를 알 수 없는 침묵이 나를 휘

---

1) 수피 신비주의자.

감았다. 나는 완전히 텅 비었다. 그리고 스승의 우아함으로 가득 채워졌다."

이런 일이 계속 일어났다. 삼 년 동안 주나이드는 완벽하게 만족했다. 삼 년 후, 스승은 그를 껴안았다. 그 순간 그는 스승의 품안으로 녹아들었다. 그는 스승과 하나가 되었다. 이제 주나이드는 그 이상의 것이 있다고는 상상할 수도 없었다. 그 구 년 동안 스승은 말 한마디 없었다.

다시 삼 년이 지났을 때, 스승은 주나이드의 제 삼의 눈[2]에 입을 맞추었다. 돌연 엄청난 빛이 일어나 주나이드의 추악하고 쓰레기 같은 면을 일거에 태워버렸다. 그리고 그를 완벽한 순금으로 만들었다. 이렇게 십이 년이 지난 뒤 스승이 처음으로 입을 열었다.

"이제 떠나도 좋다!"

십이 년 동안 스승은 주나이드에게 한마디도 하지 않았다. 그런데 이제 처음으로 입을 열고 이렇게 말한다.

"너는 떠나도 좋다. 가서 내가 너에게 행한 바를 퍼뜨리라."

이것이 진리의 전승(傳承)이다. 스승은 이미 광채로 빛나는 모든 것을 쏟아 붓고 있다. 문제는 제자가 그것을 받아들일 준비가 되었느냐 하는 것이다. 붓다는 이렇게 말하곤 했다.

"큰 비가 쏟아질지도 모르는데 그대는 항아리를 뒤집어 놓고 있구나. 빗줄기가 무엇을 어쩔 수 있겠는가? 그대의 항아리에는 빗물이 괴지 않을 것이다. 그대는 빗물을 받을 수 있도록 항아리를 바로 놓아야 한다."

조주는 삼십 년 동안 남전과 함께 지냈다. 거기에서는 시간의 헤

---

2) <아즈나 차크라>라고 하는 에너지 센터. 미간 부위를 가리키며 사물을 여여(如如)한 상태로 보는 내면의 눈이다.

아림이 전혀 달랐다는 것을 이해해야 한다. 그들은 시간에 관심이 없었다. 그들은 시간을 초월한 것에 관심을 갖고 있었다.

나는 의식(consciousness)이 진보해 온 역사 전체를 살펴보아도 어떤 사람이 너무 지친 나머지 '많은 세월이 흘렀지만 아무 일도 일어나지 않았다'고 한탄한 경우를 한 번도 보지 못했다. 의식의 역사에서 볼 때, 지금껏 그런 불평을 늘어놓은 사람은 아무도 없다. 그것은 유유자적하는 삶의 방식을 보여준다. 그것은 우리가 알든 모르든간에 우리가 영원의 일부라는 사실에 대한 이해를 보여준다. 오늘 아무 일도 일어나지 않는다면 내일은 일어날 것이다. 내일도 아무 일 없다면 다음 생에는 일어날 것이다. 가능성은 무궁무진하다. 그러니 서두르지 마라. 서두를 때 그대는 즐기고 맛볼 가치가 있는 많은 것을 놓친다. 천천히 가라.

의식의 황금 시대에 시간은 매우 천천히 흘렀다. 시간에 관심을 갖는 사람은 거의 없었다. 모든 노력은 초시간적인 것을 알기 위한 것이었다.

오늘날에는 시간이 매우 중요해졌다. 사람들은 분까지 헤아린다. 왜냐하면 사람들은 자신의 영원성에 대해 완전히 잊었기 때문이다. 특히 모하메드교, 유태교, 기독교, 이 세 종교는 사람들을 허겁지겁 서두르게 만드는 데 지대한 공헌을 했다. 칠십 년이란 인생 동안 성취해야 할 꿈과 염원이 너무 많기 때문이다. 다른 데 눈을 돌릴 겨를이 없다.

그러나 그들의 모든 꿈은 미완성으로 남는다. 인간은 계속 달리고 달리지만 아무 곳에도 도달하지 못한다. 오히려 더 많은 것을 원하게 된다.

그대는 레오 톨스토이(Leo Tolstoy)의 「인간은 얼마나 많은 땅을 요구하는가?」라는 유명한 이야기를 알고 있을 것이다. 톨스토이는 인류가 낳은 가장 위대한 인물 중의 하나이다. 그는 노벨상을 받지 못했다. 그런데 며칠 전 나는 그 이유를 알게 되었다. 노벨상을 받을 자격으로 따지자면 톨스토이보다 더한 인물이 없다. 그의 창조성은 놀라울 정도이다. 어느 누구도 그를 능가하지 못한다. 그는 노벨상 후보로 거론되었다. 그러나 노벨상 위원회는 그를 후보에 올리지 않았다.

노벨상 위원회는 오십 년이 지나서야 기록을 공개한다. 그래서 올해 그 당시의 기록이 일반 대중과 연구가들에게 공개되었다. 나는 공개된 기록을 보고 경악을 금치 못했다! 기록에는 이렇게 쓰여 있었다.

"레오 톨스토이는 정통 기독교인이 아니므로 노벨상을 받을 자격이 없다."

그것이 이유였다. 그는 기독교인이었지만 정통 기독교인은 아니었다. 그는 전통적 관념이 아닌 자기 나름대로의 독창적인 사상을 갖고 있었다.

그의 위대한 책 「안나 까레니나(Anna Karenina」, 「전쟁과 평화」는 결코 고려의 대상이 아니었다. 고려의 대상은 그가 정통 기독교인이냐 아니냐 하는 것이었다. 그렇다면 그들은 정통 기독교인만이 노벨상을 받을 수 있다고 분명히 못박아야 한다. 왜 계속해서 위선을 부리는가?

모하메드교, 유태교, 기독교, 이 세 종교는 인류에게 엄청난 어려움을 안겨 주었다. 그들은 인간이 단 한 번밖에 살 수 없다는 관념을 제시해 왔다. 그들은 전생에 대해 아무 것도 모른다. 그래서 인류에게 초스피드로 달리는 삶의 방식을 안겨 주었다. 그대는 엄청나게 많은 것을 성취해야 한다. 그래서 결국은 모든 것이 미완성으로 남는다. 그대는 너무 서두르는 나머지 아무 것도 완성할 수 없다. 다른 것들이 줄을 서서 기다리고 있다!

인간은 빈 손으로 죽는다.

도교, 불교, 자이나교, 힌두교 등 동양의 종교는 전혀 다른 차원을 제시한다. 그것은 영원이라는 차원이다. 그대는 칠십 년이라는 세월에 국한되지 않는다. 탄생과 죽음은 그대의 영원성 안에 일어나는 작은 에피소드에 불과하다. 그대는 수없이 태어나고 죽었다. 지금도 삶의 영원한 법칙은 계속되고 있다.

그런 사상은 동양에 어떤 여유를 주었다. 서두름이 없다. 그대는 십이 년 동안 스승의 옆에 앉아 있을 수 있다. 그리고 스승은 서두르지 않는다. 그대를 바라보는 데 삼 년, 그대의 머리를 만지는 데 삼 년, 그대를 껴안는 데 삼 년, 그리고 그대의 제 삼의 눈을 만짐으로써 그대의 존재 전체를 변형시키는 번갯불을 보내는 데 삼 년. 그대에게 단 한마디 말도 건네지 않고…… 주나이드가 스승에게 들은 말은 이 말뿐이었다.

"이젠 떠나도 좋다. 나의 일은 완성되었다. 내가 그대에게 했던 것을 다른 사람에게 전하라."

이것을 명심하라. 우리는 영원부터 여기에 있어 왔으며, 영원히 여기에 있게 될 것이라고 가슴에 새기는 것만으로도 깊은 휴식과 여유를 가질 수 있다. 서두를 이유가 없다. 우리는 모든 것을 차근차근 세밀하게 할 수 있다…… 우리는 일을 완성시킬 수 있다.

조주는 삼십 년 동안 남전과 함께 지냈다.

깨달음을 얻은 후 조주는 관음원(觀音院)에서 삼십 년을 더 살았다.

한때, 그는 이렇게 말했다.
"사방 굴뚝에서 연기가 일지만 나는 부질없이 바라보노라……."

그는 말한다.
"저기에 사람들이 있다. 나는 산꼭대기에서 그들의 굴뚝에 연기가 나는 것을 바라본다. 그러나 부질없도다. 왜냐하면 지금껏 아무 것도 익지 않았기 때문이다. 완벽하게 요리된 것은 아무 것도 없다. 이 사람들은 내가 여기 산꼭대기에서 기다리고 있으며, 그들에게 줄 소중한 것을 간직하고 있다는 것을 알고 있다."

만두와 찐떡도 작년에 이별하였고……

그는 만두와 떡을 의미하지 않는다.
그 말은 이런 뜻이다.
"작년 이후로 나는 잘 익은 사람을 만나지 못했다."
그것은 바로 남전이 조주에 대해 했던 말이다.
"그는 잘 익은 과일과 같다. 그를 특별히 대접하도록 하라. 그는 언제라도 땅에 떨어질 수 있다."

오늘 생각해 보니 공연히 군침만 도는구나.

조주는 말한다.
"사람들이 내면에 엄청난 기쁨을 간직하고 저기에 있는 것을 생각만 해도……. 나는 문을 활짝 열어젖힐 준비를 하고 여기에 앉아 있다. 그런데 그들은 자신의 보물에 대해 모르는구나."

불교(佛教)를 생각함도 없이…….

깨달음을 얻었을 때 그대는 더 이상 '이즘(ism)'에 관심을 갖지 않는다. 불교(Buddhism), 자이나교(Jainism), 도교(Taoism)는 중요한 문제가 아니다. 깨달음은 그대를 모든 '이즘(ism)'의 너머로 데려간다. '이즘(ism)'은 철학적인 진술이다. 그러나 깨달음은 경험이다.

불교(佛教)를 생각함도 없이…….

왜냐하면 불교는 그가 하고 있는 것을 허용하지 않을 것이기 때문이다.

········한탄만 잦구나.

사람들을 생각하니 한탄이 절로 나오는구나. 그들은 진리에 아주 가까이 있으면서도 멀리 떨어져 있다. 왜냐하면 그들은 진리에 대한 열망이나 의문조차 없기 때문이다.

백 집을 뒤져봐도 좋은 사람 없어라.

그가 살던 산 바로 아래에는 백여 채의 집이 있었다. 그러나 단 한 명도 의문을 떠올리지 않았다.
"저 승려는 삼십 년 동안 나무 밑에 앉아서 무엇을 하고 있는 것일까?"
그들은 무관심했다.

그것은 새로운 사실이 아니다. 뿌나[3]에는 이백만 명이 넘는 사람들이 있다. 그러나 그들 중에 '저기 라즈니쉬 아쉬람의 붓다홀에서는 무슨 일이 일어나고 있는 것일까?' 하고 묻는 사람은 아무도 없다. 그들은 아쉬람의 길 옆을 지나다니며 무슨 일인가 계속 진행되고 있는 것을 볼지도 모른다. 그러나 아무 것도 알려 하지 않는다. 그들은 일상적인 세계에 너무 깊이 빠진 나머지 궁극적인 것에 대해서는 완전히 눈이 멀었다.

　　찾아오는 사람은 오직 차를 마시겠다고 하는데…….

설령 누군가 도중에 들른다 해도 그는 내게 차 한 잔을 요구한다. 나는 그에게 세상 전체, 우주 전체를 줄 수 있는데 말이다. 그의 마음은 가난하기 이를 데 없다. 그는 나를 살펴보지도 않고 차 한 잔을 요구하는 데 그친다. 그는 그저 지나가는 사람이다. 그는 '이 승려의 절에서는 차를 마실 수 있겠지' 하고 생각한다. 나는 신성한 어떤 것을 가지고 있다. 그런데 그는 관심이 없다.

　　……차를 마시지 못하면 화를 내고 가버린다.

조주는 낯선 사람에게 차를 대접할 의무가 없다. 그는 가난한 중이다. 하지만 그는 그대가 꿈에도 상상한 적이 없는 어떤 것을 줄 수 있다. 그런데 그대는 철저하게 눈이 멀어 그것을 깨닫지 못한다. 그가 차가 없다고 말하면 사람들은 화를 내기까지 한다.

"나는 그대에게 나 자신을 줄 수 있다. 나는 다른 많은 것을 나

---

3) 오쇼의 아쉬람이 있는 도시.

누어 줄 수 있지만 차는 없다."

조주가 이렇게 말하면 그들은 화를 내고 가버린다.

이 선의 일화들을 듣고 있는 동안에 항상 명심해야 할 사실이 있다. 이 일화들을 다른 사람에 대한 이야기처럼 듣지 마라.

'누구를 위하여 종을 울리나?'라는 시 구절이 있다. 기독교 마을에서 어떤 사람이 죽으면 교회의 종이 울린다. 주변에 있는 농부들에게 '아무개가 죽었으니 일을 멈추고 모이시오' 하고 알리기 위해서이다.

시에서는 이렇게 말한다.

"누구를 위하여 종을 울리는지 묻지 마라. 종은 그대를 위해 울리는 것이니."

이 시는 훌륭한 통찰력을 보여 준다. 누가 죽었든간에 그것은 그대 또한 죽을 것임을 암시한다.

죽음이 그대를 데려가기 전에, 죽음을 물리칠 수 있는 것을 발견하기 위해 무엇인가 하라.

한 승려가 물었다.

"털끝만한 차이가 있을 때에는 어떻습니까?"

이것은 선의 공안이다. 사람들은 이 공안에 대해 명상할 것을 지시받는다. 그 외에 다른 말은 없다. 털끝만큼 다른 점이 어떤 차이를 만드는가? '털끝만한 차이'……. 사람들은 그에 대해 명상한다. 그들은 지적인 대답을 발견할 수 없다. 더 깊이 들어갈 때, 그들은 어느 날엔가 대답을 발견한다. 하지만 그것은 지적인 대답이 아니다. 그대와 그대의 중심 사이에는 털끝만한 차이만 있어도 엄청난 차이이다. 이것이 그 대답이다. 조금의 차이도 있어서는 안된다. 그대는 중심 안으로 완벽하게 녹아들어야 한다. 그때야 비로소 성취한 자, 깨달은 자, 붓다로 불려질 수 있다.

조주가 대답했다.
"하늘과 땅만큼 벌어진다."

선은 그 대화 방법과 모든 면에 있어서 매우 독특하다.

조주가 대답했다.
"하늘과 땅만큼 벌어진다."

이 말은 승려의 물음에 전혀 어울리지 않는 것처럼 보인다.

승려가 다시 물었다.
"털끝만한 차이도 없을 때에는 어떻습니까?"

그 다음에는 무슨 일이 벌어졌는가? 조주는 이렇게 말했다.

"하늘과 땅만큼 벌어진다."

두 질문에 똑같은 대답이다. 그리고 두 대답은 질문에 전혀 적합하지 않다! 그것은 어떤 상황을 창조한다. 그것이 스승이 하는 일의 전부이다.
조주는 이렇게 말한다.
"그대는 물을 수 없는 것을 묻고 있다. 그대는 스스로 들어가서 발견한 사람만이 얻을 수 있는 것을 묻고 있다. 직접 발견하지 않는

한, 그대는 하늘과 땅만큼 떨어져 있다."

승려는 두 가지 다른 질문을 했다고 생각했다. 그러나 대답은 똑같았다. 스승은 '그대는 부적합한 질문을 하고 있다, 질문할 수도 없고 대답될 수도 없는, 오직 경험될 수 있는 것을 묻고 있다'고 직접 말하지 않았다. 이것은 선이 독자적으로 개발해 온 언어의 방식이다. 엉뚱한 대답을 함으로써 조주는 승려를 다시 원점으로 내던진다. 아마 승려는 요점을 파악했을지도 모른다. 조주는 그에게 '경험하라!'고 직접 대놓고 말하지 않았다.

삶에는 털끝 하나만으로도 엄청난 차이를 만드는 것이 하나 있다. 만일 그대가 자신의 중심에 아주 가까이 도달한다면……. 그러나 털끝만한 차이만 있어도 그 거리는 하늘과 땅만큼 멀다. 그대가 아주 가까이 갔다 해도 그것은 중요한 문제가 안된다. 가까이 있다는 것도 거리이다.

그대는 '나는 거의 깨달았다'고 말할 수 없다. 그대가 무지하다는 사실에는 변함이 없다. 그대는 깨달았거나 깨닫지 못했거나 둘 중의 하나이다. 털끝만한 차이가 그대를 거의 깨닫게 만들지는 못한다. 생각해 보라. 그대는 살았거나 죽었거나 둘 중의 하나이다. 반은 죽고 반은 살았다고 말할 수는 없다! 그대는 잠자거나 깨어 있거나 둘 중의 하나이다. 반은 자고 반은 깨어 있다고 말할 수 없다.

조주는 이런 사람에게 대답할 정도로 친절하다. 선은 매우 정교하기 때문에 부숴지기 쉽다. 선은 궁극의 실체를 다룬다. 그러므로 그대는 선을 매우 주의 깊게 다루어야 한다.

세상은 선객들을 잊었을지도 모른다. 그러나 소수의 구도자는 조주 같은 사람이 아무리 깊은 숲 속에 숨어 있다 해도 그 길을 찾아낸다. 깨어 있는 영혼을 가진 사람은 자석처럼 끌어당기는 힘을 갖는다. 미지의 길을 탐구하고 싶은 열망을 가진 사람들은 저절로 스승을 향해 움직이기 시작한다. 자신이 어디로 가는지도 모르면서 말이다.

우리가 여기에 모인 것도 그렇게 해서 모인 것이다. 그대들은 여기에 있을 이유가 없다. 그런데 무엇인가 그대들을 여기에 묶어 두고 있다. 그대들 중의 일부는 진리를 발견하고, 아름다움을 경험하고, 삶의 의미를 알 수 있는 엄청난 가능성을 갖고 있다.

마니샤의 질문
상처를 주는 매도 받아들여야 합니까?

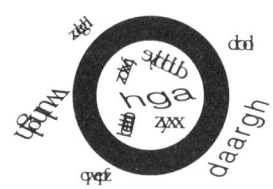

마니샤,

스승의 매는 상처를 주기 위한 것이 아니라 치료를 위한 것이다. 그리고 제자는 분노가 아니라 감사한 마음으로 그 매를 받아들인다. 감사함으로 받아들여지지 않는 한 그 매는 치료의 효력을 발휘할 수 없다. 그대들 모두는 상처 투성이이다. 그 상처는 모두 햇빛에 노출되어야 한다. 그대 자신을 완벽하게 노출하지 않는 한, 상처를 없앨 수 없다. 세상의 일반적인 방식은 아무도 모르게 상처를 감추는 것이다. 그 상처를 더욱더 무의식 깊숙이 감춘 나머지 그대 자신마저 상처를 잊게 된다. 그러나 의식(consciousness)을 다루려면 모든 상처를 깨끗이 청소하는 것이 꼭 필요하다. 그 상처들은 완벽하게 노출되어야 한다.

그대는 '상처를 주는 매도 받아들여야 합니까?' 하고 묻는다. 매가 상처를 준다면 그대는 핵심을 놓친 것이다. 상처가 아니라 감사와 사랑으로 받아들여질 때, 그 매는 치료의 효력을 발휘하기 시작한다. 마니샤, 나는 그대에게 약속한다. 그대가 필요로 하든 필요하지 않든 나는 그대를 내려칠 것이다. 순전히 즐기기 위해!

4.

오직 안으로 들어가는 길이 있을 뿐

한때 조주는 승려들에게 이렇게 말했다.

"나는 남방에서 삼십 년 동안 일념으로 좌선을 수행해 왔다. 만일 그대가 깨달음을 얻고 싶다면, 불교의 정수(精髓)를 깨닫고자 한다면 좌선을 하라.

삼 년, 오 년, 또는 이삼십 년을 그렇게 해도 길을 알지 못하면 그때는 내 머리를 잘라 오줌물에 던져 넣어도 좋다."

조주는 또 이렇게 말한 것으로 전해진다.

"천명 만명 모두가 부처를 찾는 무리들뿐, 도인은 한 명도 찾을 수 없구나. 세계가 있기 전에도 이 '자기 본성(self-nature)'은 있었으며, 세계가 무너져도 이 본성은 무너지지 않는다. 이제 나를 본 다음에도 그대는 딴 사람이 아니라 자신의 주인공일 따름이다. 그러니 밖에서 다른 것을 찾은들 무슨 소용이겠는가?"

한 승려가 물었다.

"당신의 가풍(家風)은 무엇입니까?"

조주가 응답했다.

"나는 안에 아무것도 갖고 있지 않으며, 밖에서 아무 것도 구하지 않는다."

마니샤, 경문으로 들어가기 전에 '좌선(坐禪 : zazen)'이라는 말에 대해 이해할 필요가 있다. 나는 '선(zen)'에 대해 설명한 바 있다. 'zen'은 'dhyan'이라는 산스크리트어에서 유래했다. 붓다는 산스크리트어를 사용한 적이 없다. 산스크리트어는 일반 대중의 언어가 아니라 지식층의 언어였다. 그런데 붓다는 전통을 깨고 일반 대중의 언어로 말하기 시작했다. 그것은 지식층과 학자들, 경전을 연구하는 사람들, 머리 속에 책이 가득 찬 사람들에 대한 반역이었다. 그들은 그 책들로 인해 실체를 볼 수 없었다.

붓다는 자신의 지방 언어인 팔리어로 말하기 시작했다. 팔리어에서 'dhyan'은 약간 형태를 달리하여 'jhan'이 된다. 그리고 보리 달마가 중국에 건너감으로써 'jhan'은 다시 'chan'이 된다. 임제종이 중국에서 일본으로 똑같은 메시지를 전하면서 'ch'an'이라는 단어는 본래의 팔리어인 'jhan'에 아주 가까워진다. 'ch'an'은 일본어로 'zen'이 된다.

영어에는 이에 대등한 말이 없다. 'concentration(집중)', 'con-templation(숙고)' 같은 말이 있지만 그 말들은 모두 마음에 관한 것이다. 드얀(dhyan)은 마음을 넘어가는 것을 의미한다. 드얀은 집중도 아니요, 심사숙고도 아니다. 드얀은 마음을 개입시키지 않고 옆으로 밀어 놓은 채 실체를 직접 보는 것이다.

작은 실험을 해보라. 장미꽃을 볼 때 그대는 '아름답다'는 생각없이 볼 수 있는가? 마음속으로 아무 말도 하지 않고 그냥 볼 수 있는가? 그렇게 보는 순간 그대는 드얀(dhyan), 또는 선(zen)의 상태에 있다.

생각나는 사실이 있다. 2천 5백 년 전, 그리스에는 소크라테스가 있었으며, 인도에는 고탐 붓다와 마하비라가, 그리고 중국에는 노자와 장자가 있었다. 그것은 엄청난 우연이었다. 갑자기 세계 도처에 최소한 여섯 명의 완전한 각자(覺者)가 나타난 것은 매우 희귀한 일이다. 그들 모두가 본질적인 진리를 표현하고 그 진리를 향해 손으로 가리키고 있었다. 그들의 언어는 달랐을지 모르지만 달을 가리킨다는 점에서는 똑같았다. 그것은 절대적으로 확실하다.

'드얀(dhyan)'은 안을 보든 밖을 보든 아무 생각 없이 직접 곧바로 보는 것을 의미한다. 그대의 눈은 거울이 된다. 거울은 아무 말도 하지 않는다. 거울은 판단이 없다.

드얀은 정확하게 거울 같은 의식의 판단 없는 상태를 뜻한다. 아무 말도 없이 그저 보는 것이 드얀이다. 그때에 '봄(seeing)'은 전체적이 된다. 그 '봄' 안에 진, 선, 미가 있다.

이런 현상으로 인해 동양에는 'philosophy(철학)'에 대응하는 말이 없다. 동양에서 그에 상응하는 말로는 'darshan'이라는 단어가 있다. 그러나 '다르샨'은 철학과 전혀 다른 차원에 대해 언급하고 있다. 철학은 지혜에 대한 사랑을 의미한다. 그것은 지식에 대한 사랑이다. 그러나 다르샨은 '봄'을 의미한다. '드얀(dhyan)'은 길이며 방법이다. 그리고 다르샨(darshan), 즉 그대 고유의 눈으로 진리를 보는 것이 동양이 기울이는 모든 노력의 목적이다.

좌선(zazen)은 무엇인가? 선은 단지 하루에 한두 번씩…… 해가 떠오르고 새들이 노래하는 이른 아침, 그대는 강이나 바닷가, 호수가에 조용히 앉는다. 그것은 끊임없이 행해야 하는 것이 아니다. 그것은 다른 활동과 같다.

그대는 샤워를 한다. 하지만 하루 이십사 시간 내내 샤워를 하는 것은 아니다. 좌선은 바로 끊임없이 샤워를 하는 것이다. 선은 진리를 알기 위해 기울이는 주기적인 노력이다. 그리고 좌선은 하루 이십사 시간 내내 마음을 넘어선 상태에서 깨어 있는 것이다. 그대의 행동거지, 말 한마디, 걸음걸이에까지 그것이 드러나야 한다. 기품과 아름다움, 진실함, 의연함, 품위…….

그러므로 좌선은 선의 연장이다. 좌선으로 인해 선원이 생기게 되었다. 그대가 가장(家長)으로서 일반적인 삶을 살고 있다면 하루 이십사 시간 내내 선의 상태에 머물기는 불가능하다. 그대는 다른 많은 일을 해야 한다. 그리고 다른 일을 하는 동안에는 밑바닥에 깔린 선의 흐름에 대해 잊을 가능성이 농후하다. 그래서 선원이 생기게 되었다. 그 당시의 사회는 자신의 존재 안으로 깊숙이 파고드는 사람들이 인류를 위해 큰 실험을 하는 중이라고 여겼다. 단 한 사람만 붓다가 되어도 그로 인해 인류 전체의 의식이 상승하기 때문이다.

그것은 분명하게 나타나지 않을 수도 있다. 그것은 갠지스 강이 바다로 흘러드는 것과 같다. 갠지스 강은 바다와 만날 때쯤이면 '강가(Ganga)'에서 갠지스의 바다를 뜻하는 '강가사가르(Gangasagar)'로 명칭이 바뀐다. 갠지스는 드넓은 바다가 된다. 갠지스가 바다로 흘러들 때 바다는 분명히 약간 상승한다. 바다는 너무나 넓기 때문에 수많은 강물이 흘러들어도 홍수가 나지 않는다. 하지만 분명한 것은 단 하나의 이슬 방울도 바다의 높이를 상승시킨다는 점이다. 하나의 이슬 방울은 바다에서 사라진다. 그리고 바다는 전보다 더한 어떤 것이 된다. 이슬 방울 하나가 보태졌다.

그 당시의 사람들은 인류의 진정한 진화가 기술의 발전에 있지 않다는 것을 더 명확하게 인식하고 있었다. 진정한 진화는 인간의 의식 속에 일어나야 한다. 인간의 의식은 에베레스트처럼 구름 위로 솟아오른 정상이 되어야 한다. 단 한 사람이 성공한다 해도 그것은 그의 성공에 그치는 것이 아니다. 그것은 과거, 현재, 미래에 존재하는 모든 인류의 성공이다. 왜냐하면 그의 성공은 우리가 노력하고 있지 않다는 사실을 분명하게 지적하기 때문이다. 노력했더라면 우리 또한 붓다가 될 수 있었다. 노력한 사람들은 붓다가 되었다. 붓다는 우리의 자연적인 본성이다.

그 당시의 사회는 승려와 선원을 지원했다. 아무 일도 하지 않는 승려들의 선원이 수없이 많았다. 사회는 그들을 허용했다.

"우리는 생산에 종사한다. 우리는 당신에게 음식과 의복을 제공할 것이다. 그리고 당신은 의식의 정상에 도달하기 위해 혼신의 힘을 기울인다. 당신의 성공은 당신에게 그치는 것이 아니다. 만일 수천 명의 사람들이 붓다가 된다면 모든 인류는 아무 노력도 없이 의식의 상승을 이루게 될 것이다."

이것은 훌륭한 통찰력이었다. 사회는 수많은 승려와 선원을 책임졌다. 사회는 그들의 모든 요구를 충족시켰다. 그러나 현대에는 그런 사회가 사라졌다. 왜냐하면 모든 인간이 잠재적 붓다라는 개념조차 사라졌기 때문이다. 모든 인간은 외딴 섬이라는 이상한 관념이 인류를 지배하고 있다. 그것은 터무니없는 생각이다. 섬은 섬이 아니다. 조금만 깊이 내려가 보면 섬들은 대륙으로 연결되어 있다.

모든 인간은 하나로 연결되어 있다. 조금만 더 깊이 파고들면 그것을 알 수 있다. 우리의 뿌리는 서로 얽혀 있다. 우리 삶의 근원은 똑같다.

그 당시에 그들이 그렇게 결정한 것은 엄청난 통찰력이었다. 그것은 특히 티벳의 경우에 잘 나타난다. 티벳에서는 모든 가정이 한 명의 아이를 사원에 보내야 했다. 그리고 사원에서 아이는 좌선에 전념해야 했다. 그는 궤도를 이탈하게 만드는 다른 일을 하지 않아도 되었다.

그러나 지금은 그런 가능성이 사라졌다. 그래서 나는 그대가 사원에 갈 필요 없이 세상에 남을 수 있도록 여러 방편을 고안했다. 왜냐하면 아무도 그대를 지원해 주지 않기 때문이다. 그대는 세상

안에 살면서도 밑바닥의 흐름을 유지할 수 있다. 그것은 서서히 호흡처럼 자연스러운 것이 된다. 그것을 기억할 필요조차 없게 된다.

자, 이제 마니샤가 가져 온 경문을 보자.

한때, 조주는 승려들에게 이렇게 말했다.
"나는 남방에서 삼십 년 동안 일념으로 좌선을 수행해 왔다."

조주는 스승인 남전과 함께 지낸 삼십 년에 대해 언급한다.
"나는 삼십 년 동안 끊임없이 좌선에 몰두했다. 깨달음이 얼마나 남았는지 생각하지도 않았다."

깨달음이 정말로 일어날까? 깨달음이란 진실일까, 아니면 신기루에 불과한 것일까? 혹시 몽상가들이 만들어 낸 환상은 아닐까? 어떻게 한 인간이 한점 의심도 없이 삼십 년 동안 걷고, 앉고, 자는 똑같은 생활을 할 수 있을까?

진정으로 구도의 길을 가는 사람의 가슴은 오직 한 가지에 전념한다. 어떻게 하면 더 의식적일 수 있을까? 어떻게 하면 주시할 수 있을까? 어떻게 하면 무슨 일이 일어나든 주시를 놓치지 않을 수 있을까?

그것은 오직 스승을 만났을 때에만 가능한 일이다. 스승은 꿈이 성취될 수 있다는 본보기이다. 그것은 꿈이 아니라 현실이다. 다만 우리가 올바른 길에서 노력하지 않기 때문이다.

조주는 삼십 년 동안 좌선에 몰두했다. 그것은 남전을 보았기 때문이다. 남전의 현존은 조주에게 엄청난 기쁨을 안겨 주었다.

"깨달음은 가능하다! 남전에게 가능하다면 내게도 가능하다!"

남전은 조주에게 '그대는 스승이 있는가, 없는가?' 하고 물었다. 그런데 조주의 대답은 질문과 정확하게 일치하지 않았다. 조주는

'저는 스승과 함께 있습니다' 하고 말했다. 그는 명상하며 누워 있는 남전을 가리키며 '저의 스승은 바로 제 앞에 계십니다' 하고 말했다.

그리고 조주는 남전을 '여래(Tathagata)'로 불렀다.

'타타가타(Tathagata)'는 붓다를 가리키는 가장 사랑스러운 단어이다. 붓다의 제자들이 '고탐 붓다'라는 이름을 사용하지 않고 '타타가타'라는 말을 쓴 것은 오직 존경심 때문이었다. '타타가타'는 매우 의미심장한 단어이다. 'Tathagata'는 'Tathata'에서 나왔는데 'Tat-hata'는 '이것(thisness)', '지금 여기'를 의미한다. 과거나 미래로 가지 않고 항상 지금 여기에 머무는 자가 '타타가타'이다. 그는 아무 데로도 가지 않는다. 거슬러 올라가지도 않으며 앞으로 내달리지도 않는다. 다만 지금 여기에 존재한다. 구름이 흘러가듯 시간이 지나가지만 아무 것도 그를 건드리지 못한다. 그의 존재는 영원에서 영원으로 지금 여기에 있다. '타타가타'는 붓다를 따르는 자들이 스승을 칭하기 위해 사용한 가장 매력적인 단어이다.

조주는 남전에게 말했다.

"여래여, 저는 스승과 함께 있습니다."

그 순간, 침묵 속에서 무슨 일인가 일어났다. 아무 것도 말해진 게 없었지만 무엇인가 촉발되고 전달되었다. 선에서는 그것을 '등불의 전달'이라고 말한다. 남전은 조주에게 입문을 요구하지 않았다. 조주 또한 마찬가지였다. 입문은 아무 형식도 없이, 아무도 눈치 채지 못하게 일어났다. 조주가 남전을 '여래여!' 하고 부르는 순간…… 그것은 너무나 소중한 순간이었다.

남전은 아무 말도 않고 조주를 받아들였다. 그는 다만 수석 승려를 불러 이렇게 말했다.

"이 새로 온 사내를 잘 돌보라. 그는 곧 완전히 익을 것이다. 나를 여래로 인식할 수 있다면 이미 반은 도달한 것이다. 그가 자신 또한 여래로 인식하는 데에는 많은 시간이 걸리지 않을 것이다. 그는 올바른 시각에 방향을 제대로 잡았다……. 다만 약간의 시간이 필요할 뿐이다.”

그런데 그 ‘약간’의 시간이 삼십 년이나 걸렸다. 그토록 끈기가 있던 시대는 갔다. 이제 그대는 빠른 것을 요구한다. 그대는 빠를수록 좋다고 말한다. 이 이상한 성급함으로 인해 아주 천천히 침묵 속에 성장하는 모든 것들이 자취를 감추었다.

의식(consciousness)은 빨리 성장시킬 수 없는 것 중의 하나이다. 삼십 년 동안 좌선한 후에 조주는 깨달았다. 그런데 남전은 ‘그에겐 약간의 시간이 필요할 것이다’라고 말했었다. 남전의 눈으로 볼 때, 삼십 년이란 세월은 존재계의 영원성에 비교하면 약간의 시간에 불과하다. 삼십 년이라고? 그것은 아무 것도 아니다. 약간의 시간조차 아니다.

조주는 제자들에게 말한다.

> 만일 그대가 깨달음을 얻고 싶다면, 불교의 정수(精髓)를 깨닫고
> 자 한다면 좌선을 하라.

불교의 정수는 경전에 있지 않다. 붓다의 말에 있지 않다. 붓다는 가능한 한 진리에 가깝게 말했다. 그러나 진리에 가까울 망정 진리는 아니다. 가까움도 일종의 거리이다. 그러므로 경전을 통해서는 붓다가 경험한 것의 정수를 알 수 없다. 일반적으로 사람들은 불교 책을 읽고 불교학을 공부하면 불교의 정수를 알게 될 것이라고 생각한다.

유명한 불교 승려인 브하단트 아난드 카우살리얀(Bhadant

Anand Kausalyayan)이 보드가야(Bodhgaya)[1]의 불교도 회의
에서 우연히 나를 만났다. 그는 나를 군중들 밖으로 데리고 나가더
니 말했다.

"당신의 말은 권위가 흘러넘칩니다. 그러나…… 당신에게 간섭
하는 것을 용서하십시오. 나는 당신의 말을 좋아합니다. 그런데 나
는 당신이 말한 이야기를 어떤 경전에서도 찾을 수 없었습니다. 나
는 인도 불교협회의 회장인데 말입니다."

나는 그의 이름을 들어서 알고 있었으며 그의 책을 읽은 적도 있
었다.

내가 말했다.

"당신이 나를 만난 것은 훌륭한 기회요. 나는 당신의 책을 좋아
하오. 그러나 내가 보기에 당신이 불교의 정수에 대해 아무 것도 모
르오. 만일 불교의 정수를 안다면 내 이야기를 이해했을 것이오. 내
가 말한 일들이 실제로 있었느냐, 없었느냐는 중요한 문제가 아니
오."

그가 말했다.

"그게 무슨 뜻입니까?"

내가 말했다.

"내가 말한 일들은 설령 일어난 적이 없다 해도 반드시 일어나야
만 했었다는 뜻이오. 고탐 붓다도 그것을 부정하지 못하오. 내가 말
한 일은 일어나지 않았을 수도 있소. 나는 그것이 사실이 아니라는
점을 인정하오. 그러나 나는 사실에 관심이 없소. 내게는 사실적인
사건보다 진리가 더 중요하오. 내가 말한 이야기들 안에는 정수가
담겨 있소."

---

1) 붓다가 깨달음을 얻은 인도 북부의 도시.

그가 말했다.

"당신은 이상한 사람이군요. 그런 말은 난생 처음 들어봅니다."

그는 나그푸르(Nagpur)[2]에 살고 있었다. 나는 가끔씩 나그푸르를 지나가곤 했는데, 그는 항상 나를 찾아와 이렇게 말하곤 했다.

"당신 책에서 이런 이야기를 읽었는데 참 좋습니다. 그런데 문제는 붓다의 생애에 결코 그런 일이 일어난 적이 없다는 것입니다."

내가 말했다.

"그 문제에 관해서는 내게 책임이 없소. 그 일이 일어나지 않았던 것을 나보고 어쩌란 말이오? 그 일은 일어나야만 했소! 당신은 교양 있는 학자요. 그러니 붓다의 경전 아무 데나 그 이야기를 집어넣으시오."

그가 말했다.

"그런 말이 어디 있습니까? 경전에는 아무 말도 보탤 수 없습니다!"

내가 말했다.

"아무 것도 보탤 수 없는 경전은 이미 죽은 경전이오!"

내가 미국에 입국할 때, 공항 관리는 몇 가지 질문을 던졌다. 내가 공산주의자나 무정부주의자는 아니냐는 것이었다.

나는 그에게 말했다.

"여보시오, 나는 살아 있는 사람이오."

그가 말했다.

"그게 무슨 뜻입니까?"

내가 말했다.

---

2) 인도 중부 마하슈트라주에 있는 도시.

"나는 오늘 무정부주의자가 아닐 수도 있소. 하지만 내일은 무정부주의자가 될지도 모르오. 살아 있는 사람에게 그런 어리석은 것을 묻다니! 당신 말대로 한다면 영원히 변치 않는 죽은 사람에게만 입국을 허용해야 할 것이오. 살아 있는 사람을 미국에 들여보내서는 안되오. 그러나 나는 끊임없이 성장하는 중이기 때문에 새 잎이 돋고 꽃이 필 것이오. 누가 알겠소? 무정부주의자, 공산주의자가 될지……."

그가 말했다.

"당신은 이상한 사람이군요! 나는 그저 간단한 것을 물었습니다. 나는 철학자가 아닙니다!"

내가 말했다.

"나 역시 철학자가 아니오. 하지만 당신의 질문은 살아 있는 사람이 아니라 죽은 사람에게만 적용될 수 있다는 것을 분명히 밝혀두려는 것이오. 만일 당신이 지금 이 순간 내가 누구인지 묻는다면 나는 대답할 수 있소. 그러나 다음 순간에 내가 어떻게 될지는 아무도 모르오. 나 자신도 알 수 없소. 그때는 나를 모순된다고 말하지 마시오. 지금 나는 무정부주의자이며 공산주의자요. 당신은 어떻소?"

이천 오백 년 전의 고탐 붓다로 거슬러 올라간다면…… 나는 그의 가르침에 많은 것을 보탤 수 있다. 이천 오백 년이란 세월은 헛되이 지나간 것이 아니다. 의식(consciousness)은 새로운 용어를 취하고, 새로운 하늘을 열었다. 예전보다 더 멀리까지 날아올랐다. 그런데 아무 것도 보탤 수 없다는 어리석은 생각으로 인해 모든 경전은 죽어버렸다.

나는 아난드 카우살리얀에게 물었다.

"만일 고탐 붓다가 이천 오백 년을 살았다면 내내 똑같은 말만

했겠소?”

그가 말했다.

“당신은 미친 사람 같지만 당신의 말은 합당합니다. 당신의 말이 맞습니다. 만일 그가 이천 오백 년을 살았다면 많은 것을 보탰을 것입니다.”

내가 말했다.

“그래서 내가 여기저기에 몇 가지씩 보태고 있는 것이오. 나는 그럴 자유가 있소. 왜냐하면 나는 그와 똑같은 의식을 경험했기 때문이오. 당신은 의식을 맛보지 못했소. 당신이 걱정하는 이유도 그 때문이오. 당신이 알고 있는 것은 이천 오백 년 전에 죽은 경전뿐이오. 그러나 나는 살아 있는 경전이오!”

불교의 정수를 알기 위해서는 붓다가 깨달았던 것을 깨달아야 한다. 붓다가 들어갔던 만큼 그대 자신 안으로 깊이 들어가야 한다. 그것이 내가 여기에서 하고 있는 일이다. 여기 모인 우리는 불교도가 아니다. 우리는 어떤 죽은 전통에도 속하지 않는다. 그럴 필요가 없다. 우리는 모두 내면에 붓다를 갖고 있다. 그러니 왜 다른 곳을 헤매겠는가?

수십 세기 동안 쌓아온 온갖 쓰레기를 헤치고 탐구해 나가는 것, 그것이 좌선의 목적이다. 그대는 사백만 년 동안 여러 몸, 여러 형태로 이 지구상에 존재해 왔다. 그대는 자신의 작은 붓다 위에 엄청나게 많은 것을 쌓아 왔다. 그러므로 그대는 가능한 한 깊이 파고들어야 할 것이다. 주저하거나 동요하지 말고 파고들어라.

위대한 수피 신비주의자인 자랄루딘 루미(Jalaluddin Rumi)는 어느 날 제자들을 들판으로 데리고 나갔다. 제자들은 마음이 내키지 않았다. 왜 그곳까지 가야 한단 말인가? 할 말이 있으면 여기에서 해도 되지 않는가? 그러나 루미는 주장을 굽히지 않았다.

"너희들은 나와 함께 가야 한다. 그렇지 않으면 이해하지 못할 것이다."

들판에는 한 농부가 몇 달 동안 우물을 파고 있었다. 그 농부는 한 곳을 십 피트쯤 파다가 물이 나오지 않으면 또 다른 곳을 팠다. 그렇게 해서 그는 여덟 개의 구덩이를 팠으며, 지금은 아홉 번째 구덩이를 파고 있었다. 그 와중에 들판은 엉망이 되었다.

루미가 제자들에게 말했다.

"저 멍청이처럼 행동하지 말아라. 만일 그가 이 에너지를 한 구덩이를 파는 데 쏟았다면 물이 아무리 깊은 곳에 있다 해도 지금쯤은 물을 찾았을 것이다. 그런데 그는 쓸데없이 에너지를 낭비하고 있다."

이것이 바로 모든 사람이 하고 있는 일이다. 그대는 뭔가 시작해서 조금 나아간다. 그러나 얼마 후엔 다른 일을 벌인다. 그리고 다른 방향에서 조금 나아간다.

이 '조금'이 위험하다. 그대는 모든 노력을 한곳에 집중해야 한다. 일단 그렇게 시작하면, 그리고 전적으로 신뢰할 수 있고 붓다의 체현을 볼 수 있는 스승이 있으면, 그때는 다시 원점으로 돌아갈 필요가 없다. 그때는 삼십 년이 걸린다 해도 계속 파고 들어가라.

그것이 조주가 말하는 바이다.

> 삼 년, 오 년, 또는 이삼십 년을 그렇게 해도 길을 알지 못하면 그때는 내 머리를 잘라 오줌물에 던져 넣어도 좋다.

나는 내 머리를 걸고 약속한다. 계속 나아가면……

삼 년이 될지 오 년이 될지, 아니면 이삼십 년이 걸릴지 아무도 모른다. 그대가 얼마나 많은 쓰레기를 쌓아 왔는지는 아무도 모른다. 때로는 한 순간에 그 일이 일어날 수도 있고, 때로는 몇 년이 걸릴 수도 있다. 그것은 전적으로 과거의 추억, 미래에 대한 야망 등 온갖 먼지가 얼마나 두텁게 쌓였느냐에 달려 있다. 그리고 그 모든 것을 단칼에 잘라버릴 수 있는 용기가 얼마나 있느냐에 달려 있다.

쉬지 말고 계속 파고들어라. 물은 모든 곳에 있다. 마찬가지로 살아 있는 모든 존재는 붓다 의식(buddha-consciousness)을 갖는다. 그러나 그것을 이해할 수 있는 행운을 누리는 것은 오직 인간뿐이다. 다른 동물들 또한 길을 가는 도중에 있긴 하지만…….

과학자들은 진화론이 찰스 다윈(Charles Darwin)의 이론이라고 생각한다. 과학적인 분야에서는 사실이다. 그러나 그들은 동양의 진화 개념에 대해 알지 못한다. 동양에는 다윈의 개념과 아주 다르지만 더 적합하고 타당한 진화 개념이 있다. 한 마리의 원숭이가 간단하게 인간이 된 것은 아니다. 그것은 매우 어려운 일이다. 원숭이를 강제로 잡아 늘이고 꼬리를 잘라내고 넥타이를 매도 원숭이는 원숭이일 뿐이다. 나는 어느 날 갑자기 어떤 원숭이들이 사상을 갖고 나무에서 뛰어내려와 두 발로 걸으며 인간이 되기 시작했다고는 생각하지 않는다. 만일 그랬었다면 다른 모든 원숭이도 인간이 되었을 것이다. 그런데 그들은 인간이 되지 않았다. 그들은 아직도 나무 위에 살고 있다.

동양의 진화 개념은 원숭이가 인간이 된다는 것을 의미하지 않는다. 그러나 원숭이의 의식은 인간으로 태어날 수 있다. 진화하는 것은 육체가 아니다. 계속해서 더 고차원적인 형태를 취하고 더 높은 경지에 도달하는 것은 내면에 있는 의식이다. 모든 동물이 무의식적으로 노력을 계속하고 있지만 지금까지 인간은 최고봉에 서 있다. 다른 동물이 할 수 없는 일을 의식적으로 할 수 있다는 것은 인간만의 행운이다.

버팔로(buffalos)는 인간보다 더 명상적인 것처럼 보이지만 그에게 명상을 가르치는 것은 불가능하다. 아무 것도 가르쳐질 수 없다. 비록 몇 가지 잔재주를 배울 수 있는 새와 동물이 있긴 하지만 그것이 진화로 연결되지는 않는다. 그들은 단지 배우일 뿐이다. 몇몇 동물은 흉내내는 재주를 갖고 있다. 그러나 그것은 어디까지나 흉내일 뿐이다. 그들은 무엇인가 보태거나 삭제하지 못한다.

나는 아난드 카우살리안에게 말했다.

"당신은 늙었지만 아직 늦지 않았소. 불교의 정수는 불교 경전에 있는 것이 아니오. 불교의 정수는 붓다가 되는 것이오."

자신의 중심에 도달하는 사람은 붓다가 된다.

조주는 철저하게 확신한다. 그렇지 않았다면 이런 말을 하지 않았을 것이다.

삼 년, 오 년, 또는 이삼십 년을 그렇게 해도 길을 알지 못하면 그때는 내 머리를 잘라 오줌물에 던져 넣어도 좋다.

조주는 삼십 년 만에 깨달음을 얻었다.

그는 생각한다.

"나같은 사람도 붓다가 될 수 있다면 누구나 붓다가 될 수 있다. 나보다 더 지성적이고 용기 있는 사람들이 수없이 많다. 어떤 사람은 삼 년만에 붓다가 될지도 모르고, 또 어떤 사람은 오 년만에 ……."

시간을 따지는 것은 도움이 안된다. 진정한 문제는 지금 당장 시작하는 것이다. 내일로 연기하지 마라. 어디든지 더 깊이 파고들어

라. 거기에 삶의 근원이 있다. 그것은 확실하다. 그대는 살아 있다. 그대는 숨쉬고 듣고 고동친다. 그대는 완벽하게 살아 있다. 그러므로 틀림없이 그대에게 삶을 가져다 주는 근원이 있을 것이다. 그대는 우주와 연결되어 있다. 그 연결점이 그대의 불성(佛性)이다. 이것은 더할 나위 없이 분명한 사실이다.

조주는 또 이렇게 말한 것으로 전해진다.
"천명 만명 모두가 부처를 찾는 무리들 뿐, 도인은 한 명도 찾을 수 없구나."

'오늘을 그냥 보낸다 해도 내일이 있지 않은가?' 하는 식으로 미지근한 태도를 보인다면……. 절박함이 없는 구도자, 세상에는 그런 사람들이 많다. 지금은 조주의 시대보다 더 심해졌다. '언젠가는 내면으로 방향을 돌리겠지만 아직은 때가 되지 않았다'고 생각하며 살아가는 사람들이 수없이 많다. 다른 할일은 너무나 많다. 관심을 갖는 사람들은 항상 있지만 평생을 바칠 만큼 적극적으로 관심을 기울이는 사람은 거의 없다. 그대의 삶 전체를 투자하지 않는 한, ―어떤 결말이 나든지간에, 설령 모든 것을 잃는다 해도 나 자신을 알아야겠다는 절박함이 없는 한, 타는 듯한 목마름으로 도전하지 않는 한, 그대는 결코 붓다가 될 수 없을 것이다. 또는 도인(道人 : man of Tao)이 될 수 없을 것이다. 도인과 붓다는 다르지 않다. 도인은 붓다와 똑같은 경험을 가리키는 중국식 표현이다.

세계가 있기 전에도 이 '자기 본성(self-nature)'은 있었으며, 세계가 무너져도 이 본성은 무너지지 않는다. 이제 나를 본 다음에도 그대는 딴 사람이 아니라 자신의 주인공일 따름이다.

나를 분명하게 본다면 그대 자신 또한 분명하게 볼 수 있다. 왜냐하면 나는 거울이기 때문이다. 오직 눈 먼 자들이 내 안에서 그 자신을 보지 못하고 지나친다.

스승의 가장 근본적이고 중요한 역할은 제자에게 거울이 되는 것이다. 그래서 제자로 하여금 도인이 무엇을 의미하는지, 붓다가 되는 것은 무슨 뜻인지 알게 하는 것이다.

조주는 사자처럼 외친다.

"이 늙은 중을 볼 때 그대는 더 이상 다른 사람이 아니라 그대 자신의 스승일 뿐이다."

스승은 다만 그대의 스승적인 본성(masterhood)을 비출 따름이다. 스승은 그대의 잠재성을 비춘다. 본래는 그대의 것이지만 그대가 완전히 잊고 있는 것, 스승은 그것을 비춘다.

"그러니 밖에서 다른 것을 찾은들 무슨 소용이겠는가?"

조주는 말한다.

"그대는 내 안에서 붓다를 볼 수 없는가? 그렇다면 시간을 낭비하지 마라. 그대는 어디에서도 붓다를 볼 수 없을 것이다."

이 말은 자기를 체험한 데서 나온 확신이다.

나는 이 책의 제목을 「조주, 사자의 포효」[3]라고 이름 붙였다. 일반적으로 붓다들은 매우 겸손하다. 조주 또한 겸손하다. 그러나 그는 절대적인 권위를 갖고 말하지 않을 수 없다.

"일단 나를 보게 되면 그대는 거울을 들여다보는 것이다. 이곳에

---

3) 이 책의 원제는 「Joshu : The Lion's Roar」이다.

서 스승을 발견할 수 없다면 그때는 온 세상을 돌아다니며 헛되이 시간을 낭비하게 될 것이다. 그러면서 자신을 구도자라고 생각할 것이다. 찾아 헤맬 필요가 없다. 그대가 여기에서 스승과 만나는 행운을 잡았다는 사실을 알아라."

이 권위는 철저한 경험에서 우러나오는 것이다.

한 승려가 물었다.
"당신의 가풍(家風)은 무엇입니까?"

여기서 말하는 가풍은 일반 가정을 의미하지 않는다. 그것은 그대의 스승, 그대의 스승의 스승을 의미한다. 붓다가 되면 그대는 다시 태어난다. 이제 일반적인 가정, 일반적인 부모의 문제는 없다. 스승이 그대와 가장 가까운 사람이 되었다. 스승은 그대를 다시 탄생시켰다.

조주가 응답했다.
"나는 안에 아무 것도 갖고 있지 않으며, 밖에서 아무 것도 구하지 않는다."

"이것이 나의 가풍이다. 안에는 아무 것도 요구하지 않는 빈 가슴이 있을 뿐이며, 밖으로는 아무 욕망도 없다."
이것이 모든 붓다들의 가풍이다. 그대의 가풍 또한 그렇게 되어야 한다.

선의 시인인 류슈(Ryushu)는 이렇게 읊었다.

셋, 둘, 하나. 하나, 둘, 셋.
선(禪)의 신비함을
어떻게 탐험할 것인가?
봄비가 내린 후
지붕 위의 새들은 바쁘다.
재잘재잘 새롭게
지저귀는구나.

류슈는 셋, 둘, 하나에 의해 무엇을 의미하는가? 그대는 신의 세 얼굴을 뜻하는 힌두교의 '트리무르티(trimurti)', 또는 기독교의 '삼위일체(trinity)'처럼 삼(三)이라는 개념으로부터 출발할 수 있다. 'trinity'와 'trimurti'는 둘 다 'tri'라는 어원에서 나왔다. 'three(三)'라는 단어도 'tri'에서 유래했다. 이렇듯 인간은 아는 자, 알려지는 것, 앎, ─또는 추구하는 자, 추구되는 것, 추구의 삼(三)이라는 개념에서 출발할 수 있다.

또는 그 반대로 하나, 둘, 셋으로 이어지는 정반대의 길에서 시작할 수도 있다. 인간은 그 자신에서 시작할 수 있다. 그 다음에는 외물(外物)을 발견하고 그것을 주시한다. 외물은 그대의 내적 경험 안에서 무엇이든지 될 수 있다. 그 다음에는 세 번째로 주시 자체이다. 주시하는 자, 주시되는 외물(外物), 그리고 주시의 과정이 삼 단계를 이룬다.

류슈는 이렇게 하든 저렇게 하든간에 그대는 궁극에 도달하지 못할 것이라고 말한다. 이 모든 것은 철학자들이 즐기는 게임에 불과하다. 그런 영적인 게임에는 빠지지 않는 편이 낫다. 다만 침묵을 지키며 그대 주변에서 일어나는 일들을 관찰하라.

봄비가 내린 후
지붕 위의 새들은 바쁘다.

이 사소한 일들을 관찰하라. 비가 그친 뒤 안개가 뿌옇게 피어오
르고 땅에서는 흙 냄새가 짙게 풍긴다. 지붕 위의 새들은 바쁘게 움
직인다. 그들은 새로운 소리를 내려고 재잘재잘 지저귄다. 류슈는
탐구를 심각하게 대할 필요가 없다고 말한다. 일상적인 것을 얼마
든지 주시할 수 있다. 지저귀는 새를 주시하든, 재잘대는 마음을 주
시하든 주시는 똑같다. 바깥 세상의 일출을 주시하든, 그대 내면의
중심을 주시하든 주시에는 차이가 없다.

류슈는 논쟁적인 철학에 빠지기보다는 주변의 사소한 일에서 출
발하라고 말한다. 작은 일들을 통해 주시의 기술을 배워라. 그 다음
에는 그 기술을 내면에 사용하라. 외부 세계에서는 주시의 기술을
배우기가 더 쉽다.

그런 이유로 인해 선은 매우 예술적인 종교가 되었다. 세상의 어
떤 종교도 그토록 예술적이지 않다. 그들의 사원에는 아름다운 정
원과 연못이 있다. 새, 거대한 나무, 울창한 숲, 산…… 이 모든
것이 좌선을 위한 것이다. 그대는 오래된 나무 밑에 앉아 아무 것도
하지 않는다. 그저 주시할 뿐.

유명한 하이꾸(haiku) 하나.

조용히 앉아
아무 것도 하지 마라.
봄이 오면 새싹은
저절로 돋는 법.

오래된 연못에
뛰어드는 개구리 한 마리
퐁 — 당.

그 다음에는 고요한 침묵. 그대는 그저 나무 밑에 기대어 앉아 있을 뿐.

선은 영적인 탐구를 매우 심미적인 것으로 만들었다. 먼저 외부 세계를 통해 주시를 배워라. 꽃, 일출, 석양을 지켜보라. 대상이 무엇이냐는 문제가 아니다. 중요한 것은 아무 간섭도 없이, 아무 판단 없이 지켜보는 기술을 배우는 것이다. 거울처럼 아무 판단 없이 주시하는 것…… 외부 세계를 통해 주시를 배우면 그 기술을 갖고 내면으로 들어가기가 한결 수월해질 것이다.

마니샤의 질문
당신은 우리를 위해 도망칠 수 있는 모든 길을 봉쇄한 듯이 보입니다. 저는 깨달음이 취사 선택의 문제가 아니라 유일한 탈출구라고 느낍니다. 이 느낌이 맞는 것일까요?

마니샤,

깨달음은 유일한 탈출구이다. 깨달음은 취사 선택의 문제가 아니다. 그대는 깨달음을 피할 수 없다. 그대는 수십 세기 동안 연기하고 지연시킬 수 있겠지만 결국 붓다가 되고 말 것이다. 그러니 쓸데없이 붓다가 될 날을 기다리고 있을 이유가 있겠는가? 나는 그렇게해서 붓다가 되었다. 나는 인간이 이 생에서든 다른 생에서든 붓다가 될 수밖에 없다는 것을 알았을 때, 반드시 이런 일이 일어날 수밖에 없다는 것을 알았을 때…… 그렇다면 왜 쓸데없이 시간을 낭비하겠는가? 나는 붓다를 추구한다는 생각을 버리고 붓다가 되었다!

그 당시 나와 함께 살던 가족은 깜짝 놀랐다.

그들이 말했다.

"너는 아주 이상하게 행동하고 있다!"

내가 말했다.

"그럴 수밖에 없습니다. 나는 지난밤 붓다가 되었으니까요."

그들이 말했다.

"이것은 농담할 문제가 아니다……. 너는 진지하게 말하는 것이냐?"

내가 말했다.

"물론 나는 진지할 수밖에 다른 도리가 없습니다."

그들이 어깨를 으쓱하며 말했다.

"그런데 너는 어떻게 붓다가 되었지?"

내가 말했다.

"그건 질문도 아닙니다. 모든 생명체가 붓다가 될 운명이라는 것을 이해하자 어젯밤 이런 생각이 들었습니다. ―어차피 붓다가 될 운명이라면 쓸데없이 시간을 낭비할 필요가 없지 않은가?"

그 이후로는 단 하루만 휴일을 가지려 해도…… 그것은 허용되지 않는다. 나는 그대에게 경고한다. 일단 붓다가 되고 나면 그 다음에는 휴일이 없다. 한번 붓다는 영원한 붓다이다.

그러므로 마니샤는 옳다. 그러나 모든 길을 봉쇄한 것은 내가 아니다. 그것은 존재계 자체가 한 일이다. 존재계는 그대가 원하는 만큼 밧줄을 던져준다. 그런데 왜 쓸데없이 불행한 상태에 남아 있는가? 왜 불필요하게 고통 속에 남아 있는가? 만일 그대가 붓다가 되어 이 존재계의 모든 축복을 누릴 수 있다면 왜 지금 이 순간은 안 되는가? '왜 지금 이 순간 붓다가 되지 않는가?'하고 묻는 것은 내가 아니다. 존재계 자체가 그렇게 묻고 있다.

존재계는 깨달음 외에 어떤 선택도 허용하지 않는다. 존재계는 계속해서 그대를 깨달음으로 끌고 간다. 존재계는 무한한 시간을 활용할 수 있다. 그러므로 존재계는 서두르지 않는다. 그러나 그대는 이것을 이해해야 한다. ―깨달음을 내일로 연기하는 것이 무슨 소용이란 말인가? 그것이 붓다가 말했던 것이다. 타트하타 (tathata), 이것(thisness), 여여(如如:suchness), 지금 여기 …… 그대는 붓다이다. 이 간단한 사실을 알라. 그리고 그대 앞에는 거울이 있다! 만일 스승이 거울이 될 수 없다면, 그 경우엔 스승이 스승이 아니거나 그대가 눈이 멀었거나 둘 중의 하나이다.

며칠 전, 하시야(Hasya)가 출판 관계자 회의를 위해 뉴델리에 다녀왔다. 그녀는 우리의 아쉬람과 그 활동상을 담은 비디오를 보고 있었다. 그런데 비디오에서 내가 말하기 시작하자 그녀는 매우 어리둥절해 했다. 그 자리에 모인 저널리스트들이…… 어떤 사람은 여기를 보고, 어떤 사람은 저기를 보고, 어떤 사람은 아래를 보았다. 그녀는 무슨 일인지 이해할 수 없었다. 그후 델리의 친구들이 그녀에게 말했다.

"당신은 왜 그들이 그렇게 행동했는지 모른다. 그들은 라즈니쉬의 눈을 쳐다보거나 목소리를 듣는 것조차 위험하다고 생각한다. 왜냐하면 최면술에 걸릴지도 모른다고 생각하기 때문이다."

수많은 사람들이 이곳에 오기를 원한다. 그러나 그들은 내가 죽어야만 올 것이다. 그때는 내가 그들에게 최면술을 걸 수 없기 때문이다. 그때 그들은 꽃과 선물을 가져올 것이다. 그러나 지금 당장은 위험하다. 여기에 있는 그대들 자신이 그것이 위험하다는 것을 잘 알고 있다! 나는 지금 선글라스로 눈을 가리고 있지만 그것은 문제가 안된다. 지난밤에 아비르바바와 아난도가 오라 기계를 통해 보여주었 듯이 에너지는 장벽을 모른다. 내가 선글라스를 쓰기 시작한 것은 단지 사람들을 위로하기 위해서이다. 그들로 하여금 두려움 없이 나를 쳐다볼 수 있게 하려는 것이다. 그리고 나는 하기로 작정한 일은 무엇이든지 할 것이다!

그대를 스승에게 데려온 것은 존재계 자체이다. 그대 자신의 충동이 그대를 스승 쪽으로 몰아온 것이다. 탈출구는 없다! 설령 그대가 내게서 멀리 도망친다 해도 달라지지 않는다. 그대가 어디를 가든 나는 항상 붙어 다닐 것이다.

일단 나의 여행에 동참하면 그때는 밖으로 나가는 출구가 없다. 오직 안으로 들어가는 길이 있을 뿐이다.

5.

그 뒤에는 말할 게 없다

한 승려가 물었다.

"스님께서는 세상이 무너져도 이 본성은 괴멸되지 않는다고 말씀하셨습니다. 이 '본성'이란 무엇입니까?"

조주가 대답했다.

"5온(蘊)과 4대(大)이다."

승려가 다시 물었다.

"그것 또한 괴멸되는 것입니다. 괴멸되지 않을 이 '본성'이란 무엇입니까?"

조주가 대답했다.

"4대(大)와 5온(蘊)이다.

한 승려가 조주에게 작별 인사를 하고 있었다.

조주가 물었다.

"어디로 가는가?"

승려가 대답했다.

"불법을 배우러 행각을 떠납니다."

조주가 말했다.

"붓다가 있는 곳엔 머물지 말고 붓다가 없는 곳은 재빨리 지나가라. 어느 누구에게도 불법을 전하려 하지 마라."

승려가 말했다.

"그렇다면 가지 않겠습니다."

조주가 말했다.

"안녕, 잘 가게."

마니샤 이 중요하기 이를 데 없는 대화들은 선(禪)의 전통에서 조차 희미하게 묻혀 버렸다. 왜냐하면 오직 스승만이, 오직 붓다만이 올바른 해석을 가할 수 있기 때문이다. 그 외에 어느 누구도 주석을 가하는 사람은 크게 빗나갈 수밖에 없다.

이 경문들은 식자층에 의해 쓰여진 것이 아니다. 이 경문들은 합리성을 따르지 않는다. 어떤 식으로든 논리적이지 않다. 이 경문에 나타나는 대응을 이해하기 위해서는 똑같은 경험을 해야 한다. 그것이 이 경문들이 해석되지 않고 남아 있는 이유이다. 여기 이 작은 일화가 그대에게 그 이유를 설명해 줄 것이다.

한 승려가 물었다.

"스님께서는 세상이 무너져도 이 본성은 괴멸되지 않는다고 말씀하셨습니다. 이 '본성'이란 무엇입니까?"

불교에 따르면, 이 세상은 사대오온(四大五蘊)[1], 즉 네 가지 성분과 다섯 가지 요소로 구성된다. 지금 조주는 터무니없는 대답을 하고 있다. 사대오온은 세상을 이루고 있는 요소이기 때문이다. 그리고 승려는 이렇게 물었다.

"당신은 세상이 무너져도 본성은 남는다고 하셨습니다. 이 본성은 무엇입니까?"

그러자 조주가 대답했다.

---

1) 4대는 육체를 구성하는 지(地)·수(水)·화(火)·풍(風)의 네 성분이고, 5온은 존재를 구성하는 색(色)·수(受)·상(想)·행(行)·식(識)이다.

"5온(蘊)과 4대(大)이다."

승려가 다시 물었다.

"그것 또한 괴멸되는 것입니다. 괴멸되지 않을 이 '본성'이란 무엇입니까?"

조주가 대답했다.

"4대(大)와 5온(蘊)이다.

또다시 같은 대답이다. 이 대답은 추론에 관한 한, 얼토당토 않은 대답이다. 그러나 조주가 말하고 있는 내용은 말 뒤에 숨어 있다. 조주는 '이 사대오온을 아는 주시자'에 대해 말한다. 그러나 그는 직접 '주시'라는 단어를 사용하지 않는다. 왜냐하면 어떤 단어도 실제로는 주시자를 설명할 수 없기 때문이다. 그래서 그는 주시라는 말을 사용하지 않고 똑같은 대답을 반복한다.

그의 대답은 이런 뜻이다.

"세상이 멸망해도 주시자는 남을 것이다. 지금까지 그대는 사대오온을 주시하지 않았다. 그러나 내면으로 들어가면 이 사대오온을 주시할 수 있을 것이다. 그 주시하는 자가 말해질 수 없는 붓다의 본성이다."

언어는 사대오온에 이르러 한계에 부딪친다. 그 너머에는 주시의 드넓은 하늘, 순수한 각성(awareness)이 있을 뿐이다. 그대는 그 각성을 가질 수 있지만 거기에 대해서는 아무 것도 말할 수 없다. 그것이 조주가 말하지 않은 이유이다. 그는 승려에게 계속 상기시킨다.

"언어는 이 사대오온에 이르러 끝난다. 내가 어쩔 수 있겠는가? 이 말이 마지막 이정표이다. 이 말 너머에 남아 있는 것이 붓다의 본성이다."

완성시키지 않고 남겨 두는 것, 이것이 선의 방법이다. 모든 것을 낱낱이 말하지 않는다는 것은 듣는 자에게 그것을 완성시킬 수 있는 기회를 준다는 뜻이다. 모든 대답은 불완전하다. 스승은 다만 방향을 가리킬 뿐이다. 조주는 사대오온의 방향으로 가라고 말한다. 한계에 부딪쳤을 때 그대는 무엇이 남는지 알 것이다.

그러므로 선을 지적으로 이해하려는 사람은 실패할 수밖에 없을 것이다. 선은 질문에 대한 대답이 아니다. 대답보다 더한 어떤 것이다. 그것은 곧바로 실체를 가리킨다. 조주는 목격자로서의 그대가 남을 것이라고 말한다. 붓다의 본성은 멀리 있는 것이 아니다. 그대의 의식이 곧 붓다의 본성이다. 그대의 의식은 세상을 이루고 있는 이 요소들을 주시할 수 있다. 세상은 끝날 것이지만 거울은 남을 것이다. 거울은 아무 것도 비추지 않은 채 남아 있을 것이다.

그러나 조주는 주시에 대해서도, 거울에 대해서도 말하지 않는다. 그는 그것을 그대의 명상에 맡겨 둔다. 그대 스스로 대답을 발견해야 한다. 이곳은 지식을 가르치는 학교가 아니다.

선은 누구든지 의식과 각성의 경지에 오를 수 있는 하나의 기회이다. 스승의 역할은 대답을 제공하는 것이 아니다. 만일 대답을 제공하는 스승이 있다면 그는 그대의 적이다. 스승은 다만 그대가 따라갈 윤곽선을 줄 뿐이다. 그대의 경험이 곧 대답이 될 것이다. 이런 대화 방식은 선을 제외하곤 어디에도 없다.

한 승려가 조주에게 작별 인사를 하고 있었다.
조주가 물었다.
"어디로 가는가?"
승려가 대답했다.
"불법을 배우러 행각을 떠납니다."

조주가 말했다.
"붓다가 있는 곳엔 머물지 말고……."

이상한 제안이다……. 자기 앞에 있는 조주, 살아 있는 붓다를 보지 못하는 승려는 어리석게 보인다. 분명히 조주는 '여기 남으라, 내가 바로 그대가 찾는 붓다이다'라고 말하기를 원하지 않았다. 반대로 그는 이렇게 말한다.

붓다가 있는 곳엔 머물지 말고 붓다가 없는 곳은 재빨리 지나가라.

붓다가 없는 곳이 무슨 소용 있겠는가? 재빨리 지나가라. 그리고 붓다가 있는 곳에는 머물지 마라.

붓다가 있는 곳엔 머물지 말고 붓다가 없는 곳은 재빨리 지나가라. 어느 누구에게도 불법을 전하려 하지 마라.

그는 말한다.
"어느 곳을 가든지 불법을 전하려 하지 마라. 왜냐하면 그대는 그것을 가지지 못했기 때문이다."
그러므로 그는 세 가지를 세운다. 첫째 신교사가 되지 마라. 그것은 그대의 경험이 아니다. 앵무새처럼 반복하지 마라. 오직 궁극적이고 영원한 의식에 대한 체험만이 다른 사람에게 똑같은 길을 가리킬 수 있는 힘을 준다. 그대는 불법을 가르칠 수 없다. 불법은 철학이 아니기 때문이다. 그것은 살아 있는 경험이다. 그러므로 그대가 불법을 살고 있다면 다른 사람 또한 거기에 어울려 살도록 도와주라. 그대의 삶, 그대의 사랑, 자비, 명상을 나누어 주라. 원칙을 가르치지 마라. 불법은 원칙에 관심이 없다.

그리고 둘째로 붓다가 없는 곳에 머물지 마라. 붓다가 없는 곳에서 무엇을 얻겠는가? 그대는 깨달은 자의 옆에서만 무엇인가 얻을 수 있다. 중심에 도달한 누군가를 본다면, 그의 영광과 아름다움, 기품을 본다면 그대는 자신의 중심을 향해 움직일 수 있다. 그 아름다움과 기품을 빼고 나면 궁극에 도달했다는 다른 증거는 없다.

벵골의 저명한 논리학자인 케샵 찬드라(Keshav Chandra)가 라마크리슈나(Ramakrishna)를 만나러 갔다. 케샵 찬드라는 뛰어난 학자였으며 또한 한 종파의 창시자이기도 했다. 그에게는 수천 명의 추종자가 있었다. 그런데 그는 항상 경악을 금할 수 없었다.

"그 어리석고 무식한 라마크리슈나에게 계속 사람들이 몰려가는 이유는 무엇일까?"

케샵 찬드라는 캘커타에 살고 있었는데, 캘커타에서 몇 마일 떨어진 다크쉬네시와르(Dakshineshwar)에 라마크리슈나가 살고 있었다. 수천 명의 사람들이 그곳을 찾아갔다. 케샵 찬드라는 믿을 수 없었다.

"도대체 그가 무엇을 얻었길래?"

마침내 그는 라마크리슈나를 찾아가 코를 납작하게 해주기로 결심했다.

라마크리슈나의 제자들은 케샵 찬드라가 온다는 소리를 듣고 걱정이 앞섰다. 라마크리슈나는 추론이나 논리에 대해 아무 것도 아는 게 없었기 때문이다. 그는 그저 어린아이처럼 순진하기만 했다. 그런데 케샵 찬드라는 유명한 논리학자요, 철학자가 아닌가? 라마크리슈나가 토론에서 그의 상대가 되겠는가?

제자들은 위기의 순간이 다가오고 있음을 염려하고 있었다. 그러나 라마크리슈나가 말했다.

"왜 걱정하는가? 그가 여기에 오는 것은 아주 잘된 일이다."

라마크리슈나는 기다렸다. 드디어 케샵 찬드라가 많은 추종자들을 이끌고 왔다.

그는 더 이상 다크쉬네시와르에 사람들이 모이지 않도록 이 사나이를 끝장내 버리기로 작정하고 있었다.

케샵 찬드라가 도착하자 라마크리슈나는 환영의 춤을 추었다. 케샵 찬드라는 약간 당황했다.

"이 사내는 토론의 상대가 아니다. 그는 미친 것 같다."

라마크리슈나는 케샵 찬드라를 껴안고 말했다.

"나는 아주 오랫동안 기다려 왔소! 자, 나를 끝장낼 수 있는 대화를 시작합시다."

침묵이 흘렀다. 케샵 찬드라는 아무 말도 할 수 없었다. 무슨 말을 먼저 꺼내야 하는가?

라마크리슈나가 말했다.

"아무렇게나 시작하시오. 당신이 하고 싶은 말은 뭐든지 해보시오. 나는 그것을 좋아할 것이오!"

케샵 찬드라는 무신론자였다. 그래서 그는 이렇게 말했다.

"신은 존재하지 않습니다. 여기에 대해 당신의 견해는 어떻습니까?"

라마크리슈나가 말했다.

"그것은 견해의 문제가 아니오. 당신처럼 지식 있는 사람이 신이 없다고 말한다면 내가 어떻게 그것을 부정할 수 있겠소? 그러나 내게는 존재계가 의식(consciousness) 없이 존재하지 않는다는 증거가 있소. 그 증거는 바로 당신이오. 당신의 그 논리적인 날카로움! 그것은 어디에서 나오는 것이오? 그 근원은 신이오. 당신은 바로 신이 존재한다는 증거요. 그러나 당신이 신은 없다고 말한다면 나는 당신의 말에 절대적으로 찬성할 것이오."

케샵 찬드라는 많은 사람과 토론을 한 적이 있었다. 그런데 지금은 국민학교 2학년밖에 마치지 못한 무식한 사람 앞에서 말문이 막힌 자신을 발견했다. 라마크리슈나가 말했다.

"당신이 그렇게 말한다면 나는 당신의 말을 믿소. 당신은 아주 논리적인 사람이니 신이 있는지 없는지 알고 있을 것이오. 나는 무식한 사람이오. 내가 아는 것이라곤 노래와 악기를 연주하는 것뿐이오. 신이 없이 이 모든 것을 한다면 미친 것처럼 보일 것이오. 하지만 신이라는 훌륭한 핑계가 있소. 집에서 춤추고 노래하면 미친 짓처럼 보이겠지만 사원에서는 아주 헌신적인 것처럼 보일 것이오. 신이라는 훌륭한 핑계가 있기 때문이오. 사원에서 춤춘 적이 있소? 어떻소? 이곳은 아름다운 사원인데……."

케샵 찬드라는 토론에 춤이 개입되리라고는 생각한 적이 없었다. 그런데 라마크리슈나의 말은 호소력이 있었다. 그는 너무나 진실해 보였다.

라마크리슈나가 말했다.

"당신은 훌륭한 지성인이고 나는 무식한 사람이오. 나는 당신의 말을 믿을 것이오. 나는 모든 신을 버리겠소. 다만 당신이 우주 전체를 찾아봐도 신을 발견하지 못했다고 말한다면."

케샵 찬드라는 그렇게 말할 수 없었다. 우주 전체를 탐험한 사람은 아무도 없다. 그리고 우주 전체를 샅샅이 탐험하지 않았다면 어떻게 신이 없다고 말할 수 있겠는가?

케샵 찬드라가 말했다.

"나는 우주 전체를 탐험했다고 말할 수 없습니다. 그러므로 신이 없다는 나의 말은 타당하지 않습니다. 그런데 당신은 어떻습니까?"

라마크리슈나가 말했다.

"나 말이오? 나는 그를 사랑하고 그와 함께 춤추오. 나는 그를 협박하기도 하오. 그와 내가 말이 통하지 않을 때도 있기 때문이오. 나는 가끔씩 사원 문을 걸어 잠그고 그를 며칠씩 굶기기도 하오. 그러나 그 다음엔 이 불쌍한 신에게 연민을 느끼기 시작하오. 그래서 나는 문을 열고 음식을 가져다 주오. 그래도 그는 불평 한마디 없을 만큼 훌륭하오."

라마크리슈나는 케샵 찬드라에게 이렇게 말했다.

"다크쉬네시와르 사원의 모신(母神)은 칼을 들고 있었는데, 어느 날 나는 모신에게 이렇게 말했소.

'오늘도 내 앞에 모습을 나타내지 않는다면 당신의 목을 잘라버리겠습니다!'

나는 모신의 손에서 칼을 빼앗아 들고 아침부터 저녁까지 춤을 추었소.

내가 말했소.

'명심하십시오. 해가 질 때까지 모습을 나타내지 않으면 내가 살인을 해도 그것은 당신의 책임입니다!'"

그는 하루 종일 춤을 추었다. 마침내 해가 지고 있었다. 많은 군중들이 숨을 죽이고 이 이상한 사내를 지켜보았다. 그는 아침부터 저녁까지 찬미의 노래를 불렀다. 그리고 해가 지기 시작하자 돌연 그는 칼을 놓치고 혼수상태에 빠졌다. 그 상태는 육 일 동안 계속되었다.

육 일 후 라마크리슈나는 눈을 뜨고 말했다.

"나는 당신에게 무의식 상태 안에서 나타나라고 요구하지 않았습니다. 나는 의식이 있는 상태에서 분명하게 당신을 보고 싶었습니다. 나는 군중들이 목격자가 되기를 원했습니다. 그런데 당신은 속임수를 썼습니다!"

그의 눈에서는 눈물이 흐르고 있었다.

"그런데 지금 깨어나 보니 세상이 너무 시시해 보입니다. 나를 이전에 있던 지점으로 다시 돌려 주십시오. 당신은 칼을 빼앗아 가더니 나를 더 큰 문제에 빠뜨렸습니다. 내면 세계의 아름다움에 비하면 외부 세계는 너무나 빈약해 보입니다. 나를 내면으로 데려다 주십시오."

그는 케샵 찬드라에게 말했다.

"당신은 내면으로 들어가기 위해 뭔가 한 적이 있소?"

케샵 찬드라가 말했다.

"당신 앞에 무릎을 꿇겠습니다. 당신과 논쟁하려던 저를 용서하십시오. 당신은 논쟁할 수 있는 사람이 아닙니다. 신이 존재한다는 증거가 있다면 당신이 곧 그 증거입니다."

케샵 찬드라의 추종자들은 어찌된 영문인지 이해할 수 없었다. 케샵 찬드라는 그들의 무신론적 종교를 창시한 인물이 아닌가? 게다가 그는 라마크리슈나를 바보 얼간이라고 말하곤 했었다. 그런데 지금 그는 무릎을 꿇고 라마크리슈나의 발을 만지고 있지 않은가?

라마크리슈나가 케샵 찬드라에게 말했다.

"가끔씩 나를 끝장내러 오시오."

케샵 찬드라가 말했다.

"천만에요. 당신이 나를 끝장냈습니다!"

케샵 찬드라는 종교의 창시자라는 지위를 버렸다.

"나는 이 무식한 사람과 논쟁할 수 없었다. 그는 어떤 경험을 갖고 있었다. 나는 공허하게 비어 있었는데 그는 가득 차 있었다. 그는 기쁨으로 흘러 넘쳤다. 나는 많은 학자들과 논쟁을 했었다. 그런데 춤추고 껴안으면서 나를 받아들이는 그의 앞에서는……. 내가 뭔가 주장을 펼칠 때마다 그는 일어나서 '훌륭하오, 아주 훌륭해!' 하고 말하곤 했다. 그는 나에 반대하는 한마디 말도 하지 않았다. 오히려 그는 이렇게 말했다.

'당신이 그렇게 말한다면 나는 당신의 종교와 어울릴 수 있을 것이오. 내게는 당신 또한 신의 일부이기 때문이오.'"

모든 의식(consciousness)은 존재계가 의식적이라는 증거이다. 이것이 신의 의미이다. 신은 어딘가에 앉아 있는 인격체가 아니다. 신은 모든 곳에 퍼져 있다. 나무, 산, 강, 새, 인간, 돌, 모든 것 안에 신이 존재한다. 모든 곳에 의식의 가능성이 있다.

이 모든 의식을 전체적으로 부를 때 그대는 아무 호칭이나 사용할 수 있다. 그것을 진리라 부를 수도 있고 니르바나(nirvana), 또는 신으로 부를 수도 있다. 무엇이라고 부르든 그것은 중요한 문제가 아니다. 한 가지 확실한 사실은 존재계가 무의식적이지 않다는 것이다. 존재계는 비지성적이지 않다.

이 선의 대화들은 인간에 대한 신뢰를 보여 준다.

"우리가 윤곽을 보여 주기만 하면 그의 지성은 우리가 말한 내용에 머물지 않고 그 암시하는 바를 따라갈 것이다."

사람들에게 불교를 전하는 문제에 대하여 조주는 이렇게 말했다.

"그런 짓을 하지 마라. 그대에게 없는 것을 어떻게 다른 사람에게 나누어 줄 수 있겠는가? 먼저 그대 자신이 그것을 가져라.

붓다가 없는 곳에는 머물지 마라. 그것은 순전히 시간 낭비이다. 그리고 붓다가 있는 곳에도 머물지 마라. 그곳은 그대를 변형시킬 것이다. 그대는 더 이상 현재 상태로 남아 있지 못할 것이다."

이 말을 듣고 승려는 재빨리 이해했다. 승려는 매우 지성적이고 이해력이 뛰어난 사람이었음에 틀림없다. 그는 조주를 다시 한번 쳐다보고 붓다를 발견했다. 바로 코앞에 붓다가 있었던 것이다.

　　승려가 말했다.
　　"그렇다면 가지 않겠습니다."
　　조주가 말했다.
　　"안녕, 잘 가게."

　승려는 '저는 여기에 남겠습니다' 하고 말했다. 그러자 조주가 말했다.
　"그대가 가고 싶은 곳으로 가라. 왜 마음을 바꾸었는가? 나는 여기에 머물라고 요구하지 않았다."
　그는 승려에게서 조주의 붓다를 이해했다는 분명한 반응을 원한다.
　이 선의 대화들은 참으로 이상하다. 이것은 소크라테스의 문답법이 아니다. 대화에서 중요한 것은 말해지지 않고 비본질적인 것만이 말해진다. 본질은 배후에 숨어 있다.
　선사(禪師)와 함께 있을 때는 매우 의식적이어야 한다. 그렇지 않으면 선사와 함께 살아도 본질을 놓칠 것이다. 스승은 아무 것도 직접적으로 주지 않는다. 진리를 직접 표현할 수 있는 방법은 없다. 스승은 다만 상황을 조성한다. 이제 이것이 그 상황이다.
　"붓다가 있는 곳에 머물지 말고 붓다가 없는 곳에도 머물지 마라."
　조주는 승려를 딜레마에 빠뜨린다. 그러면 어느 곳에 머물란 말인가? 조주는 승려를 어느 곳에도 머물 수 없는 상황에 빠뜨린다.
　승려는 더 분명하고 주의 깊은 의식으로 다시 조주를 살폈다. 그리고 그는 알았다.

"어디론가 떠나려고 한 것은 잘못이다. 나는 이곳에 남아야 한다."

승려는 즉시 '그러면 저는 아무 데도 가지 않겠습니다' 하고 말했다. 조주는 농담을 하며 '안녕, 잘 가게!' 하고 응답했다.

그러나 승려는 조주 곁을 떠나지 않았다. 어떻게 이런 스승 곁을 떠날 수 있겠는가? 무엇보다도, 어디에서 조주 같은 스승을 찾을 수 있겠는가? 또한 조주를 떠나는 것은 불가능하다. 스승은 그대를 함정에 빠뜨릴 것이다. 그리고 일단 스승의 덫에 걸리면 그대의 깨달음은 멀지 않다. 스승과의 만남은 곧 붓다를 향한 성장의 시작이다.

선의 시인인 이쇼(Isho)[2]는 이렇게 썼다.

시원한 비가 쏟아지면
창문 앞의 가냘픈 옥색 대나무가
노래를 한다.
초록색 이파리가
깃털처럼 나의 책상으로 날아든다.
그들은 여기보다 더 숨기에 좋은 곳이 없다는 것을 안다.

대부분의 시는 남녀간의 사랑을 노래한다. 그리고 소수의 시는 자연의 아름다움을 찬미한다. 그러나 선은 그런 시와 같은 범주에 속하지 않는다. 선시는 단지 주변에서 일어나는 일을 관찰하는 명상적인 마음에서 나온다. 선의 시인은 주변 모든 곳에서 아름다움

---

2) 일본의 선사.

을 본다. 그는 그것을 옮겨 적고 싶은 충동을 억누를 수 없다. 창문
앞의 가냘픈 옥색 대나무…… 이 시에서 말하는 장면을 눈앞에 그
려보라.

> 시원한 비가 쏟아지면
> 창문 앞의 가냘픈 옥색 대나무가
> 노래를 한다.
> 초록색 이파리가
> 깃털처럼 나의 책상으로 날아든다.
> 그들은 여기보다 더 숨기에 좋은 곳이 없다는 것을 안다.

가난한 이쇼는 대나무 숲 근처의 오두막에 살았다. 그런데 낙엽
이 그의 오두막 안으로 들어와 책상 밑에 떨어진다. 이쇼는 '그들은
숨기에 여기보다 더 좋은 곳이 없다는 것을 안다'고 말한다.

선은 낙엽조차 그들 고유의 의식이 있다고 말한다. 의식이 없는
것은 없다. 의식을 갖는 방법이 각기 다를 뿐, 우리는 거대한 의식
의 대양에 살고 있다.

그대로 하여금 존재계 전체가 의식적이라는 것을 깨우쳐 주는
것, 이것이 선시(禪詩)의 역할이다. 세상에 존재하는 모든 것은 다
양한 색깔과 다양한 뉘앙스, 다양한 방식을 갖는다. 그러나 의식의
정점에 도달한 사람은 세상에 생명력 없이 존재하는 것은 하나도
없다는 사실을, 붓다가 될 가능성 없이 존재하는 것은 아무 것도 없
다는 사실을 안다.

붓다는 자신의 전생에 대해 이야기했다. 그는 코끼리였다. 어느
날 밤, 숲에 불이 났다. 불길은 거세게 퍼져 나갔으며 동물들은 살
길을 찾아 달렸다. 코끼리 또한 달리고 있었다. 그러다가 아직 불길
이 닿지 않은 어느 나무 밑에서 쉬기 위해 멈추었다. 그가 나무 밑

에 자리를 잡으려는 찰나, 조그만 생쥐 한 마리가 들어 올린 코끼리의 한쪽 발 밑으로 기어 들어왔다. 코끼리는 발을 내릴 수 없었다. 그렇게 하면 불쌍한 생쥐가 죽을 것이기 때문이었다.

붓다의 말에 따르면, 코끼리는 자비심으로 인해 발을 내려 놓을 수 없었다. 불길은 사방을 에워쌌다. 코끼리는 가능한 한 오랫동안 생쥐의 목숨을 보존하기 위해 자신의 목숨을 내걸었다. 하지만 결국 그들은 둘 다 불길에 타버렸다. 붓다는 이렇게 말한다.

"나는 그 코끼리였다. 나는 자비심으로 인해 불성을 꽃피우게 되었다."

지금도 세계 도처의 새와 동물들 사이에는 어떤 일이 일어나고 있다. 세상은 죽어 있지 않다. 세상 만물이 더 높은 정점에 오르기 위해 노력하고 있다. 이것은 다윈의 진화 개념과 전혀 다른 차원이다. 다윈의 진화 개념은 매우 어리석게 보인다. 왜냐하면 우리는 어떤 동물도 다른 동물로 변화하는 예를 볼 수 없기 때문이다. 수백만 년이 흘렀지만 원숭이가 양복점에 찾아가 '나는 마음을 바꾸었습니다, 나는 인간이 되길 원하니 맞춤복을 한 벌 만들어주시기 바랍니다' 하고 말하는 것을 본 사람이 있다는 기록은 어디에도 없다. 어떤 동물도 다른 종의 동물로 변하지 않는다. 다윈의 진화 개념은 완전히 엉터리이다.

그러나 동양에는 전혀 다른 개념이 있다. 모든 동물의 내면에서 무엇인가 진화하고 있다. 동물이 어떤 지점에 이르러 죽으면 그 동물은 더 높은 단계로 태어날 것이다. 지금까지 인간은 수많은 동물이 도달한 가장 높은 단계에 있다. 그리고 인간 가운데에서 붓다는 최고의 정점이다.

이쇼의 짧은 시는 비바람에 떨어져 오두막으로 날아드는 낙엽을 읊고 있다. 낙엽은 그의 탁자 밑으로 숨는다. 이쇼는 말한다.

그들은 여기보다 더 숨기에 좋은 곳이 없다는 것을 안다.

그렇지 않았다면 낙엽은 오두막으로 오지 않았을 것이다.

모든 존재계가 생생하게 살아 있으며 의식을 갖고 있다는 인식은 그대의 행동 전체를 변화시킨다. 그때, 그대는 동물을 사냥할 생각이 들지 않을 것이다. 그들은 그대의 형제이기 때문이다. 그들은 조금 뒤쳐져 있고 원시적일 뿐이다. 그들을 죽이는 것은 곧 미래의 붓다를 죽이는 것이다. 그러므로 모든 붓다의 경험은 존재계에 대해 사랑과 자비의 관계를 맺는 것으로 귀결된다. 나무 한 그루도 함부로 잘라서는 안된다. 나무는 살아 있다. 나무는 다른 종류의 의식을 갖고 있을 수도 있다. 나무를 해치거나 상처 내지 마라. 왜냐하면 그 행위는 곧 그대 자신의 상처가 될 것이며, 그대의 진화에 영향을 미칠 것이기 때문이다.

마니샤의 질문 :

단지 즐기기 위해 때리겠다고 말하는 스승을 갖는다는 것은 두려우면서도 통쾌한 일입니다. 합리성과 옳고 그름이 창문 밖으로 날아가고 오직 '나 자신(self)'을 바치는 것, 이것이 선입니까?

마니샤, 바로 그것이 선이다. 기록에 의하면 스승이 한밤중에 제자를 불러서 '너를 때려야겠다!'라고 말한 경우가 수백 번이나 된다.

제자는 '무엇 때문입니까?' 하고 물었다.

스승이 말했다.

"너는 내일 아침 깨달을 것이다. 그렇게 되면 너를 때릴 수 없지 않느냐? 너를 때리는 것은 아주 즐거운 일인데 말이다!"

스승은 때리는 것을 즐겼다. 그리고 제자는 맞는 것을 즐겼다. 그 것은 사랑이 넘치는 행위였으며 조금도 상처가 되지 않았다.

어떤 사람이 내게 죽비를 가져 왔다. 이 죽비는 대나무로 만들어 졌는데, 가운데가 갈라져서 그대를 때려도 소리만 날 뿐, 상처를 입히지 않는다. 이 죽비는 한국에서 온 것이다. 나는 이 죽비를 아난도에게 맡겼다. 돌머리 선사 니스크리야(Niskriya)가 돌아오면 실제로 사용하게 하려는 것이다. 죽비로 그대를 때리면 훌륭한 소리가 난다. 마치 머리가 깨지는 소리 같다!

선은 매우 즐거운 종교이다. 선은 때리는 것조차 즐거운 놀이로 만든다. 세상의 여타 종교는 그런 유희성과 웃음, 삶과 사랑을 허락하지 않는다. 하지만 선은 삶의 모든 면에 있어서 전적인 자유를 허락한다.

선은 사랑이 거의 불가능한 것을 사랑의 행위로 변형시켜 왔다. 예를 들어, 선의 씨름이 그렇다. 그대는 그들이 싸우는 것을 볼 것이다. 그러나 그들에게는 분노, 적대감, 또는 상대방을 이기려는 욕망이 없다. 그것은 수행의 하나이며 놀이이다. 누가 이기든 상관없다. 핵심은 누가 더 완벽하게 의식을 유지하느냐 하는 것이다.

선의 두 씨름꾼은 앞으로 나서서 서로에게 절을 한다. 왜냐하면 모든 사람이 붓다이기 때문이다. 싸움을 시작하기에 앞서 붓다가 인정되어야 한다. 그리고 그대는 붓다에게 화를 내거나 상처를 입힐 수 없다. 두 사람 다 명상적이다. 그들이 싸우는 동안에 그대는 품위와 침묵을 볼 수 있을 것이다. 그들의 눈에는 폭력성이 없다.

심판을 보는 스승은 세상의 방식대로 승자를 결정하지 않는다. 어떤 때는 이긴 사람이 승자로 인정되지 않는다. 왜냐하면 그는 명상적인 자세를 잃었기 때문이다. 그리고 진 자가 우승컵을 갖는다. 그는 내내 깨어 있는 의식을 유지했기 때문이다. 패배했음에도 불구하고 그는 이겼다.

선에서 싸움은 명상으로 변형된다. 궁술과 검술 또한 명상이 된다. 선은 기적을 일으켰다. 검술이 명상이 될 수 있다고 생각한 사람은 아무도 없었다.

두 명상가가 똑같이 의식을 유지할 때에는 아무도 승자가 아니다. 며칠을 싸워도 승패가 나지 않는다. 두 사람이 균등하게 명상적인 자세를 유지하기 때문이다. 두 사람 다 똑같은 깊이, 똑같은 높이, 똑같은 사랑과 자비를 가진다. 둘 중의 어느 누구도 모든 면에서 상대방보다 열등하지 않다. 그러므로 승패는 없다. 열등한 사람만이 패배할 것이기 때문이다.

대부분의 경우엔 두 검사, 두 궁사, 두 씨름꾼이 무승부로 선언된다. 패자도 승자도 없다. 이와 비교할 때 서양의 권투는 야만적이다. 권투는 폭력적이고 선혈이 낭자하다. 상대에 대한 존경이나 자비는 찾아볼 수 없다. 옳든 그르든 어떻게 해서든지 이기려는 야망이 전부이다.

선은 모든 것에 대해 전혀 다른 접근 방식을 창조했다. 선을 이해한다면 세상은 전혀 달라질 것이다. 선은 가장 훌륭한 연금술이다.

그러므로 내가 순전히 즐기기 위해 그대를 때릴 것이라고 말할 때에는 이것을 명심하라. ─ 그것은 나의 즐거움에 그치는 것이 아니다. 그것은 또한 그대의 즐거움이 되어야 한다. 그래야만 커다란 도약이 이루어질 수 있다. 그때, 스승과 제자는 서로 놀이를 하고 있는 것이다. 어느 쪽도 우월하거나 열등하지 않다.

스승은 한밤중에 제자를 부름으로써 내일 아침 제자가 깨달을 것이라는 통찰력을 보여준다. 제자는 지금 막 경계선에 서 있다. 경계선을 넘은 다음에는 그를 때리는 것이 옳지 않을 것이다. 그런데 제자를 때리는 것은 얼마나 유쾌한 일인가! 그래서 스승은 시자(侍者)를 보냈다.

"빨리 그를 데려오라!"

제자는 명상중에 있다가 말했다.

"무슨 일로 한밤중에 부르시는 것일까?"

시자가 말했다.

"모르겠습니다. 그런데 스승님은 주장자를 손에 들고 계십니다. 아마 당신을 때리고 싶어하시는 것 같습니다. 그렇지 않다면 한밤중에 부를 이유가 없지 않습니까?"

제자는 즉시 달려간다. 스승이 때리기를 원한다면 그것은 특별 대접이다. 그렇지 않다면 왜 나를 부르겠는가? 한밤중에 늙은 스승이 나를 때리고 싶어하신다. 얼마나 친절하고 자비로우신가!

제자가 당도하자 스승이 말했다.

"오, 네가 왔구나. 너는 모르지만 나는 안다……. 이리 가까이 오너라. 이것이 마지막 매이다. 너는 내일 아침 해가 뜰 때쯤 **깨달음을** 얻을 것이기 때문이다. 그 다음에는 네가 맞기를 원해도 **때릴수 없다.** 붓다를 때릴 수는 없지 않느냐? 그래서 너를 급히 부른것이다."

제자는 무릎을 꿇고 엎드렸으며 스승은 그를 한 번 내리쳤다. 그리고 둘 다 즐겁게 웃었다. 아침이 되자 제자는 깨달았다. 이런 경우는 한 번이 아니다. 수백 번이나 기록되어 있다. 그것은 순전히 즐거운 놀이이다. 그것은 제자에게 해를 가하는 것이 아니라 이렇게 선언하는 것이다.

"내일 아침 너는 깨달을 것이다. 우리는 때리고 맞으면서 몇 년동안 즐거운 시간을 보냈다. 그런데 이 매가 마지막이다. 이 매는기념할 만한 매이다. 명심하라. 이 매는 밤이 막 끝나고 밝은 빛이비출 것이라고 선언하는 매이다."

이상한 방법에 이상한 사람들이다. 아마 선은 작은 종교적 흐름중에서 가장 아름답게 발전해 왔을 것이다. 선은 결코 군중의 종교가 될 수 없었다. 선은 카톨릭과 같은 종교가 되지 않았다. 육 억의사람들이 선을 이해할 수는 없을 것이다. 선은 선택받은 소수의 종교이다. 왜냐하면 선은 열린 가슴과 훌륭한 지성을 필요로 하기 때문이다. 그런데 그런 가슴과 지성을 소유한 사람은 매우 극소수이다.

세상의 여타 종교는 그대의 웃음과 창조성을 파괴해 왔다. 유머감각까지 파괴시켜 버렸다. 그런데 유머 감각이 없는 삶은 삶이라할 수 없다. 이것이 내가 선을 소개하는 목적이다.

6.

차 한잔 들게나

어느 날, 조주가 선원에서 신참 방문객을 맞고 있었다.

조주가 한 승려에게 물었다.

"그대는 전에 여기 온 적이 있는가?"

승려가 대답했다.

"예, 있습니다."

조주가 말했다.

"차 한잔 들게나."

그 다음에 조주는 다른 승려에게 물었다.

"그대는 전에 여기에 온 적이 있는가?"

승려가 대답했다.

"없습니다."

조주가 말했다.

"차 한잔 들게나."

원주(院主)가 물었다.

"스님께서는 전에 여기 온 적이 있는 사람에게 차 한잔을 주었습니다. 그리고 전에 여기 온 적이 없는 사람에게도 차 한잔을 주었습니다. 이것은 무슨 뜻입니까?"

조주가 큰소리로 불렀다.

"원주!"

"예?"

"차 한잔 들게나."

마니샤 선의 방법은 매우 단순하고 명쾌하다. 선은 가장 간단한 방식으로 스스로를 표현한다. 그런데 이런 점 때문에, 스스로 지성적이라고 생각하는 사람들은 선을 오해하기가 십상이다. 그들에게는 선의 명확성과 단순성이 장애가 된다. 왜냐하면 마음은 항상 불가능한 것에 관심을 갖기 때문이다.

그 이유를 이해해야 한다. 불가능한 것은 성취될 수 없다. 그래서 마음은 더 많은 힘을 획득하고, 그대를 자신에게서 더 먼 곳으로 데려가며 계속 살아 남을 수 있다. 불가능한 것은 성취될 수 없기 때문에 그것은 마음의 승리가 된다. 마음은 분명하고 단순한 것을 회피한다. 왜냐하면 분명하고 단순한 것은 성취될 수 있을 뿐만 아니라 이미 성취되어 왔기 때문이다.

마음이 불가능한 것에 관심을 갖는 것은, 그대가 곧 붓다라는 사실을 보지 못하게 하려는 정치적이고 외교적인 술책이다.

이 단순한 일화를 듣고 그대들은 웃었다. 마치 이 이야기가 조크(joke)라도 되는 듯이 말이다. 이 일화는 말해질 필요가 있는 모든 것을 말한다. 여기에는 선의 본질이 고스란히 담겨 있다. 그런데 그대들은 웃었다. 이 일화에 담긴 뜻을 이해하지 못했기 때문이다. 때때로 사람들은 이해하지 못했기 때문에 웃는다. 어떤 때는 이해했기 때문에 웃는 경우도 있지만, 어떤 때는 이해하지 못했다는 사실을 숨기기 위해 웃는다. 그대들이 웃는 것은 이 이야기가 조크처럼 보이기 때문이다. 그러나 이 일화는 조크처럼 보일 뿐, 선의 모든 사상이 담겨 있다.

어느 날, 조주가 선원에서 신참 방문객을 맞고 있었다.

조주가 한 승려에게 물었다.

"그대는 전에 여기 온 적이 있는가?"

지나치기 쉬운 한 가지 사실을 주목하라. 스승은 몸소 새로운 방문객을 맞는 자리에 앉는다. 선은 그대의 잠재성을 들여다보려는 노력이다. 왜 시간을 낭비하겠는가? 단 한 순간도 낭비해서는 안된다. 그래서 스승은 선원의 정문에서 영접하고 있다. 방문객과의 첫 대면에서, 그를 가르칠 가치가 있는지 아니면 그저 차나 한잔 대접하고 보낼지 결정될 것이다.

조주의 질문은 그대가 생각하는 의미와 같지 않다.

"그대는 전에 여기에 온 적이 있는가?"

그는 우리가 흔히 말하는 '여기'에 대해 말하는 것이 아니다. 그는 궁극적인 '여기'에 대해 말하고 있다. 그것은 장소와 관계된 물음이 아니다. 그것은 시간이 멈추고 오직 현재성(nowness)만이 남은, 공간이 사라지고 오직 '여기(hereness)'만이 남은 명상적인 상태에 관계된 물음이다.

'지금'과 '여기'라는 두 단어에 선의 모든 접근 방식이 담겨 있다. 만일 그대가 지금 여기에 있을 수 있다면, 그 외에는 아무 것도 할 필요가 없다. 존재계의 신비를 드러내는 모든 문이 그대 앞에 활짝 열릴 것이다.

그러므로 조주와 같은 스승이 '그대는 전에 여기에 온 적이 있는가?' 하고 물을 때에는 그의 말을 오해하지 마라. 그는 장소에 대해 묻는 게 아니다. 그는 시간과 공간을 초월한 것에 대해 말하고 있다.

"그대는 깊은 명상에 든 적이 있는가?"

이것이 그의 질문이다.

승려가 대답했다.

"예, 있습니다."

조주가 말했다.

"차 한잔 들게나."

승려는 '여기'의 의미를 이해했다. 승려의 말은 전에 이 절에 왔었다는 뜻이 아니다. 승려의 대답은 '여기'에 존재하는 상태를 안다는 의미이다. '예'라는 간단한 말 한마디에 깊은 뜻이 담겨 있다.

"저는 신참이 아닙니다. 그러니 저를 다른 신참들과 같이 생각하지 마십시오. 저는 줄곧 '여기'에 있어 왔습니다. 제가 어떻게 '여기'가 아닌 다른 곳에 있을 수 있겠습니까?"

그러나 이것은 노골적으로 말해지지 않았다. 그것이 선의 아름다움이다. 선은 그대 스스로 발견하도록 가장 중요한 부분을 남겨둔다. '예'라고 말할 때 승려는 눈과 몸짓으로 이렇게 말하고 있다.

"무슨 질문이 그렇습니까? 제가 어떻게 다른 곳에 있을 수 있겠습니까? 모든 사람이 '여기'에 있습니다. 그가 어디에 있든 상관없습니다. '여기'는 우리가 존재할 수 있는 유일한 지점입니다."

그의 '예'라는 대답은 오해되지 않았다. 그의 대답은 이 절에 왔었다는 뜻이 아니다. 그는 말한다.

"저는 항상 '여기'에 있었습니다. 어떻게 다른 곳에 있을 수 있겠습니까?"

조주는 각별한 존중의 의미에서 말했다.

"차 한잔 들게나."

선에서의 차 한잔은 세상의 일상적인 의미와 같지 않다. 차 한잔은 선사가 베푸는 가장 훌륭한 환영이 될 수 있다. 한잔의 차는 각성(awareness)을 상징한다. 차를 마신 후에는 잠잘 수 없다. 그래서 차는 각성과 명상의 가장 중요한 상징이 되었다. '차 한잔 들게나'하는 말은 단순히 차를 마시라는 뜻이 아니다. 물론 차가 제공된다. 하지만 잔이 각성으로 가득 찼다는 이해와 더불어 차가 나온다. 한잔의 차는 여러 선사들에 의해 다양한 방식으로 사용되었다.

어떤 학자가 조주를 찾아왔다. 그는 많은 의문을 갖고 있었으며, 동시에 경전과 철학 이론에서 나온 복잡한 대답들을 갖고 있었다.

그는 산을 올라온 탓으로 땀에 젖어 있었으며 약간 지쳐 보였다. 조주가 그를 맞은 다음 말했다.

"지쳐 보이는군. 잠깐만 기다리게. 내가 곧 차를 준비하지. 아주 특별한 차를 준비할 테니 기다리면서 좀 쉬고 있게나."

조주는 차를 준비하고는 잔과 받침 접시를 학자에게 건네 주었다. 그리곤 주전자에서 차를 따르기 시작했다. 그는 잔이 넘칠 정도로 아슬아슬하게 차를 따랐다. 이젠 조금만 더 따라도 잔이 넘칠 판이었다. 학자는 잔이 넘치고 받침 접시가 가득 찰 때까지 기다렸다. 하지만 더 이상은 참을 수 없었다.

"그만하십시오! 무엇을 하고 계시는 겁니까? 이젠 한 방울도 더 담을 수 없습니다."

조주가 말했다.

"그대의 마음에 대해서도 똑같은 질문을 한 적이 있는가? 그대 안에는 한 방울의 차라도 담을 빈 공간이 있는가? 그대는 온갖 사상으로 가득 찼다. 수많은 질문과 대답들! 그대는 너무 많은 책을 읽었다. 그리고 깨달음에 대해 너무 많은 것을 배웠다.

이 차는 상징일 뿐이다. 나는 그대가 질문을 하기 전에 내 입장을 분명히 밝혀두고 싶다. 그대는 비어야 한다. 그렇지 않으면 미안한 일이지만 나는 대답할 수 없다. 그대에겐 나의 대답을 받아들일 공간이 없다."

조주는 여러 상황에서 한잔의 차를 이용했다. 지금도 그는 '차 한잔 들게나' 하고 말한다.

그 다음에 조주는 다른 승려에게 물었다.
"그대는 전에 여기에 온 적이 있는가?"

그대는 질문의 차이점을 알지 못할 것이다. 처음의 질문에서는 '여기'에 강조점이 있었다. 그런데 두 번째 질문에서는 '그대'에 강조점이 있다.

"그대는 전에 여기에 온 적이 있는가?"
승려가 대답했다.
"없습니다. 이번이 처음입니다."

승려는 말한다.
"저는 더 이상 존재하지 않습니다. 그런데 어떻게 전에 여기에 존재할 수 있겠습니까?"
두 승려 모두 질문의 차이점을 이해했다. 질문은 똑같아 보였지만 그들은 스승의 강조점이 어디에 있는지 알았다. 그들은 스승의 눈과 얼굴을 관찰하고 스승의 손을 본다.
선사와 말하는 것은 일반적인 대화가 아니다. 그것은 존재와 존재 사이의 전체적인 교류이다.

조 주
138

첫 번째 승려는 잘 이해했다. 두 번째 승려 역시 잘 이해하고 말했다.

"없습니다."

그러나 본질적인 부분은 배후에 숨어 있다. 승려가 말하는 본질적인 부분은 이렇다.

"제가 어떻게 여기에 올 수 있겠습니까? 저는 더 이상 존재하지 않으며, 존재한 적도 없습니다. 저는 자신을 발견하려고 노력해 왔습니다. 이젠 아무도 존재하지 않습니다."

조주가 말했다.
"차 한잔 들게나."
원주(院主)가 물었다.
"스님께서는 전에 여기 온 적이 있는 사람에게 차 한잔을 주었습니다. 그리고 전에 여기 온 적이 없는 사람에게도 차 한잔을 주었습니다. 이것은 무슨 뜻입니까?"

원주(院主)는 논리적인 사람이었을 것이다. 그는 조주의 말에서 노눈을 보았다. 그는 조주와 두 승려 사이에 오산 은닐한 부분을 볼 수 없었다.
그는 조주에게 물었다.
"이것은 무슨 뜻입니까? 한 사람은 전에 여기를 방문한 적이 있으며, 다른 한 사람은 없다고 했습니다. 그런데 스님께서는 두 사람 모두에게 똑같이 차를 대접했습니다."

조주가 큰소리로 불렀다.

"원주!"

"예?"

필요도 없는 상황에서 갑자기 큰소리로 부르는 것, 이것 또한 선에 의해 사용되어 온 의미 심장한 방법이다. 갑자기 부름을 받으면 잠시 동안 생각이 멈춘다. 연속성이 없기 때문이다. 마음은 연속성이 있을 때에만 기능할 수 있다.

원주는 두 사람을 똑같이 대접한 의미를 물었다. 그런데 조주는 의미를 설명하기 보다는 '원주!' 하고 큰소리로 불렀다. 이것이 원주의 사유 과정을 단절시켰다. 돌연 각성이 일어났다.

조주가 큰 소리로 불렀다.

"원주!"

"예?"

"차 한잔 들게나."

한잔의 차는 각성의 상징이다. 선은 오직 각성을 제공한다. 그리고 아무 차별 없이 모든 사람에게 각성을 준다. '여기'에 있는 사람, '여기'에 없는 사람, 그리고 절의 원주에게 조주가 줄 수 있는 것이라곤 차 한잔 외에 다른 것이 없다. 그것은 조주가 오직 각성과 주의 깊음, 주시를 줄 수 있을 뿐이라는 사실을 암시한다. 한잔의 차는 선맥에서 가장 중요한 상징 중의 하나가 되었다.

그러므로 이 일화는 조크가 아니다.

조주는 선에 대해 아무 말도 없이 세 사람 모두에게 분명하게 밝혔다.

"그대들은 오직 한잔의 차를 줄 수 있는 사람에게 왔다. 그대들은 그 외에 다른 것을 기대해서는 안된다. 나는 그대들에게 각성을 가르친다. 그리고 그대들 세 사람은 모두 그것을 배울 능력이 있다. 원주도 가끔씩은 각성을 배울 수 있다."

한 선승이 있었다. 그는 깨달음을 얻은 후부터 매일 아침 '화상아!' 하고 자신을 부르는 것으로 하루 일과를 시작했다. 그는 깨달음을 얻었기 때문에 '화상'이라는 명예로운 단어가 사용되어야 했다.

'대덕(大德 : Reverence)'은 '화상(和尙 : Osho)'보다 못한 단어이다. '대덕'은 오직 존경을 의미한다. 그러나 '화상'이란 단어에는 존경과 더불어 사랑과 감사의 뜻이 담겨 있다. 그대는 이런 의미에 대해 생각해 본 적이 없을지도 모른다. 사람들은 단어에 대해 생각하지 않기 때문이다. 그렇지 않았다면 이 단어들로부터 생소한 의미가 도출되었을 것이다.

'respect(존경)'이라는 단어에 대해 생각해 본 적이 있는가? 'respect'는 뒤돌아보는 것을 의미한다. 'respect'는 re-spect, 즉 다시 한번 보는 것이다. 그것은 어떤 사람이 다시 한번 뒤돌아볼 정도로 아름답다는 뜻이다. 그대는 그를 다시 한번 돌아보지 않고 그냥 지나칠 수 없다. 이 단어에서 'respectfulness(손경심)'이라는 말이 나왔다.

그러나 '화상(和尙:osho)'에는 사랑과 감사라는 요소가 더 들어 있다. 'Osho'는 'Reverence'보다 더 많은 의미를 가진다. 'Reverence'는 기독교적인 단어이다. 학식 있는 주교와 선교사, 사제들을 위해 사용된 단어이다. 그러나 'osho'는 'reverence'로 번역될 수 없다. 왜냐하면 'osho'는 학식 있는 자가 아니라 오직 깨달은 자를 위해 사용되는 단어이기 때문이다.

이 선사는 매일 아침 '화상아! 너는 아직도 여기에 있느냐?' 하고 부르곤 했다. 그는 자신의 현존에 대해 스스로 묻고 있었던 것이다.

"아직도 여기에 있느냐? 그러면 차 한잔 들거라."

그의 제자들은 스승이 아침마다 그런 혼잣말로 일과를 시작함을 잘 알고 있었다. 그래서 미리 차를 준비하곤 했다.

제자들이 물었다.

"스승님, 아침마다 그러시는 이유가 무엇인지요?"

선사가 말했다.

"나는 존재계가 내게 하루를 더 주었다는 사실에 깜짝 놀란다. 나는 그럴 자격이 없는데 말이다. 나는 또 하나의 날, 또 하나의 일출, 또 하나의 하늘과 우주 전체를 받기 위해 아무 것도 한 게 없다. 그래서 나는 내가 여기에 있다는 사실을 분명하게 확인하고 싶은 것이다. 이 아름다운 우주도 어느 날엔가 내게서 사라질 것이다."

선사는 또한 스스로 대답하곤 했다. 먼저 그는 '화상아! 너는 아직도 여기에 있느냐?' 하고 묻는다. 그리곤 '예' 하고 스스로 대답한다. 그 다음에는 '그러면 차 한잔 들거라' 하고 말한다.

이것은 독백이었다. 제자들은 차를 갖다 바쳤다. 그들은 스승을 사랑했다. 그들은 아침을 맞는 이 작고 아름다운 의식(儀式)을 좋아했다.

우리들 대부분은 평생을 밤으로 보낸다. 결코 아침이 오지 않는다. 한잔의 차는 '밤이 갔으니 일어나라!'고 선언한다. 깨어 일어나 이 존재계의 아름다움을 보라. 우주는 그대에게 하루를 더 허락했다. 그것은 존재계의 선물이다. 그대가 요구해서 온 것이 아니다.

어느 날엔가 해가 뜨고 장미꽃이 만개해도 그대는 여기에서 새 아침을 맞을 수 없을 것이다. 그렇다고 불평할 수도 없다. 그것은 전적으로 우주의 뜻에 달렸다.

그러나 우리는 우리의 삶에 대해서조차 감사하지 않는다. 삶과 의식(consciousness)보다 더 소중한 것이 있을 수 있겠는가? 존재계는 아무런 대가도 요구하지 않고 선물을 준다. 그대는 최소한 감사하는 마음이라도 가져야 한다. 이 감사하는 마음이 진정한 기도이다. 그 밖의 다른 기도는 유치하다. 그것은 은밀한 요구 외에 아무 것도 아니다.

오늘 아난도가 알려준 바에 의하면…… 기독교인으로 구성된 한 팀의 학자들이 몇 년 동안 주기도문을 연구하고 있었는데, 최근 그 결과가 대중에게 공개되었다. 그들은 주기도문에서 '아빠(abba)'라는 말을 제외하곤 모든 것이 허구라는 사실을 발견했다. 'abba'는 아버지를 뜻한다. 예수는 단지 '아빠!'하고 불렀을 뿐이다. 그 외에 모든 것은 다른 사람들이 덧붙인 것이다.

이런 사실에 대해 기독교인들은 충격받을 것이다. 그리고 그것을 밝혀낸 사람들이 기독교 학자라는 사실에 더 놀랄 것이다. 그들은 학자들의 말을 무시할지도 모른다. 그럴 가능성이 높다.

아난도가 그런 이야기를 전했을 때, 나는 '아빠(abba)!'—아빠(abba)는 히브리어로 아버지를 뜻한다—라고 부르는 것만으로도 충분하다고 생각했다. 그것만으로도 기도는 완벽하다. 존재계와 사랑의 관계를 맺고 '아빠!'하고 부르는 것으로 기도는 끝난다. 그 이상 무엇을 말할 수 있겠는가? 그대는 '당신은 내 존재의 근원입니다'하고 감사의 마음을 표현한다. '아빠'라는 말은 옳다. 그러나 그 외에 다른 부분은 비본질적인 부분이다.

이 학자들은 몇 달 전부터 엄청난 연구를 진행시켜 왔으며, 기독교 전체가 그들을 협박했다. 나는, 기독교인들은 그 연구에 관심을 가졌겠지만 그 외에 다른 사람들은 별로 관심이 없었을 것이라고 생각한다. 나는 기독교인이 아니다. 하지만 나는 관심을 가져야 했다!

그들은 예수가 성령(Holy Ghost)을 아버지로 해서 처녀인 마리아의 몸에서 태어났다는 이야기가 사실이 아니라는 결론에 도달했다. 숨김없이 말한다면, 예수는 마리아와 요셉의 진짜 아들이다. 그러나 요셉을 밀어내고 그 자리에 신을 앉히기 위해 이런 계략이 사용되었던 것이다. 고대의 경전을 연구한 결과, 학자들은 이것이 완전히 거짓이라는 사실을 밝혀냈다. 예수는 사생아가 아니었다!

그런데 이상하게도 세상의 기독교 지도자들은 예수가 서자가 아니라 적자라는 사실을 기뻐하기보다는 충격을 금치 못했다. 예수는 반드시 사생아가 되어야 한다. 그렇지 않으면 기독교를 이루는 근본 토대가 무너질 것이다.

먼저 성령에 대해 말하고, 그 다음에 성령과 신이 하나라고 말하는 것은 얄팍한 속임수에 불과하다. 왜 신이 성령 뒤에 숨어야 하는가? 왜 신은 직접 처녀를 임신시키지 않았는가? 사실, 신을 전면에 내세우는 것은 좀 거북한 일이었을 것이다. 그래서 성령이라는 중개인이 발명되어야 했다.

성령이 예수의 진짜 아버지라면 신은 기껏해야 삼촌쯤 될 것이다. 신이 성령과 형제 사이라면 말이다. 예수와 신의 관계는, 성령과 신이 어떤 관계인가에 따라 달라진다. 어쨌든 분명한 사실은 신이 예수의 아버지가 될 수 없다는 것이다.

영국의 주교는 학자들의 연구 결과에 대해 즉각 반박했다.

"성처녀 마리아와 성령에 대한 이론은 기독교의 근본 토대이다.

우리는 그 이론을 바꿀 수 없다.”

그러나 기독교 자체의 연구팀이 그 이론은 예수를 특별한 존재로 만들기 위해 꾸며진 것이라고 말하고 있다. 모든 사람은 엄마와 아버지로부터 태어난다. 그런데 예수를 특별한 존재로 만들기 위해서 …… 불쌍한 예수는 사생아가 되어야 했다! 그리고 이것이 기독교의 토대를 이룬다.

그 연구팀은 신조차 기독교의 필수적 요인은 아니라는 사실을 밝혀냈다. 신이 존재한다는 증거가 없기 때문이다. 성령이 존재한다는 증거도 없다. 우리가 분명하게 말할 수 있는 사실은 예수와 그의 십자가형이 전부이다. 그가 부활했다는 증거도 없다. 그러나 예수가 십자가에서 처형되었다는 이유만으로 기독교인이 된 사람이 있겠는가? 그것이 문제이다. 신이 빠지고, 성령이 빠지고, 부활이 제거되고, 처녀 수태설이 빠지고 나면 기독교라는 종교 전체가 끝장이다!

또한 그 연구팀은 모든 기적이 가짜라고 밝혔다. 어쩔 수 없이 교황이 직접 나서서 말해야 했다.

“기적이 없다면 기독교는 무너질 것이다. 우리는 기적을 필요로 한다. 기적이 없다면 보통의 평범한 사람과 신의 독생자 사이에 무슨 차이점이 있겠는가?”

차이점은 예수가 물 위를 걷고, 물을 포도주로 만들고, 죽은 사람을 살리고, 손을 대는 것만으로 사람들을 치료했다는 것이다. 그런데 기독교인으로 구성된 이 연구팀은 모든 기적이 예수를 인간 이상의 특별한 위치로 끌어올리기 위해 덧붙여진 것이라고 말했다. 그들은 확실히 매우 정직한 사람들이다.

인간 이상의 존재가 있어야 될 필요는 없다. 다만 인간 자신의 존재에 대해 더 각성하면 그뿐이다. 그 각성 안에서 인간은 의식의 최고 경지를 접하게 된다. 그 밖의 모든 이론은 유치할 뿐만 아니라 터무니없는 가설이다.

종교는 명상의 다른 이름일 뿐이다. 다른 것을 덧붙일 필요가 전혀 없다. 그것은 도움이 되기보다는 장애물이 된다. 조주는 아무 차별 없이 모든 이에게 차 한잔을 준다. 그것이 바로 내가 하고 있는 일이다. 나 역시 차 한잔을 준다. 하지만 상징적인 방법보다는 더 직접적인 방법으로 준다. 왜냐하면 상징은 오해되기 쉽기 때문이다. 지금까지 상징은 오해되어 왔다. 그래서 중국과 일본의 절에서는 차 한잔을 주는 것이 전통이 되었다.

한 명의 젊은 일본 여성이 미국의 공동체에서 축제마다 참여하곤 했다. 그녀의 어머니는 저명한 다도인(茶道人)이다. 다도는 직업이 되었다. 소수의 사람들은 다도를 직업으로 삼는다.

내가 이곳으로 돌아오자[1], 그 젊은 일본 여성은 이곳으로 오기 시작했다. 내가 여기 머물 것이라는 것을 알고서 그녀 또한 여기에 머물기를 원했다. 그녀는 일본으로 돌아가기를 거부했다. 마침내 그녀의 어머니가 찾아왔다……. 그녀는 저명 인사로 일본의 황실과도 접촉하고 있었다.

그녀는 딸을 내게 데려와 말했다.

"내 딸에게 일본으로 돌아가라고 말씀해 주십시오."

내가 말했다.

"그대는 저명 인사다. 그대는 선의 본질을 알고 있을 것이다. 선의 제일 가는 본질은 자유다. 모든 것은 그대의 딸에게 달렸다. 그녀가 가기를 원하면 나는 막지 않을 것이다. 그리고 그녀가 가기를

---

1) 미국에서 다시 인도로 돌아왔음을 뜻한다.

원치 않는다면 나는 가라고 말하지 않을 것이다."

그 여류 명사는 안색이 새파랗게 질릴 정도로 노기가 충천했다.

내가 말했다.

"화를 내는 것은 도움이 되지 않을 것이다."

그녀는 화가 나서 말했다.

"당신은 붓다가 아니다!"

내가 말했다.

"그대의 딸을 보내지 않았다는 이유만으로 나는 붓다의 자격을 잃었구나. 하지만 나는 그대의 말을 인정할지언정 어느 누구의 자유도 뺏을 수 없다!"

그녀는 내 말에 매우 충격을 받았다. 그녀가 말했다.

"나는 일본에 연줄이 많으니 도쿄에 당신의 센터를 열어줄 것을 약속하겠습니다."

내가 말했다.

"그런 미끼는 아무 소용 없다. 여기에 머무느냐 떠나느냐는 전적으로 그대 딸의 자유이다. 그녀가 가든 말든 그것은 나의 관심사가 아니다."

여류 명사는 매우 강한 여성이었다. 그녀는 삼 일 동안 끊임없이 딸을 설득했다. 그래서 그녀의 딸은 내게 와서 말했다.

"어쩔 수 없이 떠나야겠습니다. 제게 당신의 옷 한 벌을 주십시오."

나는 그녀에게 내 옷 한 벌을 주면서 말했다.

"너무 근심하지 마라. 그대의 어머니는 곧 마음이 풀어질 것이고, 가끔씩 반대하지 않을 때도 있을 것이다. 그럴 때 다시 오너라."

그러나 일단 일본으로 돌아가자 그녀의 어머니는 휴가 때 여기에 오는 것조차 허락하지 않았다. 그래서 그녀는 이곳으로 도망쳤다.

내가 그녀에게 말했다.

"이것은 좋지 못한 짓이다. 그대는 어머니에게 분명하게 말하고 이곳에 와야 했다. 그런데 그대는 아무에게도 말하지 않고 도둑처럼 도망쳤다. 그대는 자신을 용서할 수 없을 것이다. 그대는 이곳을 떠나는 게 낫겠다. 그대의 개체성을 분명하게 선언할 용기가 없는 한……. 그리고 그대는 성인이지 어린아이가 아니다."

기타(Geeta)를 통해 들은 바에 의하면…… 기타는 일본인으로 거의 영원부터 여기에 있었다. 내가 기억하는 한, 나는 아주 오래 전부터 이곳에서 그녀를 보았다. 그녀의 말에 따르면, 일본 여성의 삼 분의 일 정도가 어머니에 의해 결혼을 방해받는다고 한다. 일본에서 어머니는 대단한 힘을 갖는다. 나는 미처 그런 사실을 알지 못했다. 일본 여성의 삼 분의 일이 미혼 상태에 있다. 단지 어머니가 허락하지 않는다는 이유만으로.

기타는 내게 말했다.

"당신은 자유에 대해 말합니다. 하지만 결혼할 자유조차 없는 곳이 있습니다!"

인간은 자유, 민주주의, 사랑 등 아름다운 단어와 더불어 살아간다. 그러나 그것은 모두 공허한 단어이다. 문화와 문명은 아직 존재하지 않는다. 세상에는 자주적인 독립이 없다. 나 자신도 쓰라린 경험을 했다. 내가 아는 유일한 자유는 깨어나는 자유뿐이다. 그대 자신과 그대의 뿌리를 아는 것이 유일한 자유이다. 그 외에는 모두 정치적인 약속일 뿐이다. 그 약속들은 결코 지켜지지 않을 것이다.

붓다와 조주, 또는 남전처럼 자유롭게 사는 사람은 소수에 불과하다. 나는 그대들 모두가 자유롭게 살기를 원한다. 하지만 분명하게 구별지어야 할 사실이 있는데, 그것은 자유에 두 종류가 있다는 것이다. 하나는 <……로부터의 자유>이며, 다른 하나는 <……을 위한 자유>이다. <……로부터의 자유>는 어렵지 않다. 그러나 진정한 자유는 <……을 위한 자유>이다. 어떤 창조를 위한 자유, 사랑을 위한 자유, 어떤 경험을 위한 자유가 진정한 자유이다.

<……로부터의 자유>는 부정적이다. 그 자유는 토대를 마련하지만 그것이 전부는 아니다.

진정한 자유는 <……을 위한 자유>이다. 그대 자신을 창조하는 것, 그대의 붓다와 잠재성을 발견하는 것, 그대 고유의 힘을 발휘하는 것, 아무 두려움 없이 사자처럼 포효하며 하늘을 지붕 삼아 사는 것, 이것이 진정한 자유이다. 하지만 이런 자유는 자신의 근원에 도달한 사람에게만 가능하다. 자신의 근원을 발견하는 것, 바로 그것이 우리가 여기에서 하는 일이다. 그 근원에 의해 우리는 모든 구속에서 벗어나는 자유를 가지는 동시에 모든 창조를 위한 자유를 가질 수 있다.

류슈(Ryushu)는 이렇게 읊었다.

흘낏
넓은 봄 하늘에
피어오르는 구름을 보니,
산은 푸른데 하얀 빗줄기.
하늘과 땅은 멀고 먼데
빗줄기가 하얀 꽃을 피운다.
그 꽃송이들 모두가
선승의 외눈에 들어오는구나.

마지막 줄이 이 시를 의미심장하게 만든다.

그 꽃송이들 모두가
선승의 외눈에 들어오는구나.

그것이 인도에서 <제 삼의 눈>을 말하는 이유이다. <제 삼의 눈>은 상징일 뿐이지만 중요한 의미를 갖는다. 내면으로 더 깊이 들어갈 때 그대의 두 눈은 하나의 힘으로 합쳐진다. 그래서 제 삼의 눈이 된다.

하얀 꽃송이 모두가 선승의 외눈에 들어오는구나.

류슈는 놀란다.
"나는 가난한 선승인데 이토록 엄청난 아름다움이 나를 찾아오는구나."
명상은 거지를 황제로 만든다. 그리고 명상이 없다면 황제조차 거지 이상이 아니다.

마니샤의 질문 :
저는 당신이 '명상하는 동안 우리가 기울이는 노력의 강렬함이

우리를 자신의 중심으로 잡아당긴다'고 말씀하시는 것을 들었습니다. 또한 잠재적인 제자는 자석에 끌려가듯이 스승에게 끌려간다고 하는 말씀도 들었습니다. 이 두 가지 사실에 어떤 유사성과 연관이 있습니까?

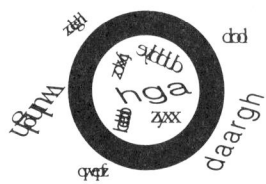

마니샤,

그것은 다른 에너지가 아니다. 그대를 스승에게 더 가까이 데려가는 에너지와, 그대 자신에게 더 가까이 접근시키는 에너지는 다르지 않다. 그것은 똑같은 에너지이다. 즉, 그대 자신에게 가까이 가는 것은 곧 스승에게 다가가는 것이다. 그것은 다른 두 가지 사실이 아니다. 스승은 중심에 있다. 중심에 도달하는 순간 그대는 깜짝 놀랄 것이다. ─붓다는 그대보다 앞서 이미 거기에 도달해 있다.

모든 스승은 붓다이다. 그리고 모든 제자는 잠재적인 붓다이다. 그것은 똑같은 에너지이다. 어떤 곳에서는 그 에너지가 발현되고 어떤 곳에서는 아직 잠자고 있다. 하지만 질적인 차이는 없다.

7.

죽은 자들이 산 사람 하나를 보내는구나

투자(投子)와 조주가 만났을 때, 조주가 물었다.

"투자산 움막의 주인이 아닙니까?"

투자가 말했다.

"용돈이나 주시오!"

조주가 먼저 움막에 와서 앉아 있는데, 저녁 때 투자가 기름 한 병을 들고 돌아왔다.

조주가 말했다.

"투자에 대한 소문은 많이 들었건만, 내 눈엔 기름장수 늙은이만 보이는구려."

투자가 말했다.

"당신은 기름장수 늙은이만 보았지 투자는 모르는군요."

조주가 말했다.

"어떤 것이 투자요?"

투자가 기름병을 쳐들고 말했다.

"기름이요, 기름!"

한 번은 죽은 승려의 장례를 치르면서 조주가 말했다.

"수많은 죽은 자들이 산 사람 하나를 보내는구나!"

마니샤 선은 전혀 다른 차원의 삶과 사랑을 믿는다. 그대는 그런 삶과 친숙하지 않으며, 그런 사랑에 대해 꿈꾼 적조차 없다. 선은 전혀 다른 차원의 삶을 산다. 그 차원에서는 모든 것이 춤이며 축제이다.

선은 유일한 삶의 종교이다. 그 밖의 다른 종교는 죽음을 숭배한다. 삶에는 아주 사소한 것에서부터 의식의 가장 신성한 경지에 이르기까지 온갖 것이 들어 있다. 그러므로 삶의 종교인 선은 아무 것도 포기하지 않는다. 선은 모든 것을 더 높은 곳에 오르기 위한 디딤돌로 변형시킨다.

선은 지금까지 발생한 종교들 중에서 유일하게 삶을 긍정하는 종교이다. 선의 긍정은 전체적이다. 그 밖의 다른 종교는 부정의 종교이다. 그들은 장애물로 보이는 모든 것으로부터 도망친다. 그러나 선은 그것을 장애물에서 도움의 수단으로 변형시킨다. 그리고 선은 그런 면에서 성공을 거두었다. 그 성공은 새로운 인간의 도래에 큰 도움이 된다.

새로운 인간은 기독교, 힌두교, 모하메드교 등의 여타 종교를 종교로 생각하지 않을 것이다. 왜냐하면 그 종교들은 죽은 과거를 짊어지고 있기 때문이다. 삶은 오래 전에 그 종교들로부터 도망쳤다. 그들은 수십 세기 동안 웃은 적이 없다. 그들은 우주의 음악과 조화를 이루지 못한다. 그들은 춤의 언어를 잊었다.

미래의 인류에게 가능한 종교는 선밖에 없는 것 같다. 다른 종교가 모두 사라진 뒤에도 선은 살아 남을 것이다. 선은 지구상의 유일한 종교가 될 것이다. 사실, 모든 여타 종교는 이미 죽어 있다. 우리는 다만 오래된 습관과 세뇌로 인해 그 종교들을 계속 지고 다니는 것이다. 그들은 인류의 의식에 아무 것도 공헌한 바가 없다. 공헌은커녕 많은 것을 파괴했다. 그들은 인간을 억압하고 노예화했으며 서로 적대시하게 만들었다. 그들은 엄청난 폭력과 전쟁, 학살극을 일으켰다.

선은 꽃과 노래, 엑스타시(ecstasy)의 종교이다. 선에는 어떤 형태로든 삶을 회피하려는 요인이 전혀 들어 있지 않다. 선은 삶을 전체적으로 산다. 전체적인 삶에 의해 매순간은 너무나 소중하게 된다. 전체적으로 지금 여기에 존재하는 순간의 아름다움은 측량할 수 없을 정도이다. 그것은 하나의 기적이다.

이 두 일화는 아주 짧지만 중요한 의미를 담고 있다. 선사는 각 행동 안에서 거의 사라지고 만다는 사실을 이해하지 못한다면 첫 번째 일화는 아주 이상하게 보일 것이다. 선사의 전체성은 실로 훌륭하다. 춤추는 자는 사라지고 오직 춤만이 남는다고 말할 수 있다.

위대한 무용수인 니진스키(Nijinsky)가 이런 질문을 받았다.

"당신의 삶에서 가장 훌륭한 순간은 언제입니까?"

니진스키가 말했다.

"그것은 춤추는 자가 사라지고 오직 춤만 남는 순간입니다."

피카소(Picasso)도 똑같은 질문을 받았다. 그가 그림을 그리고 있는데 어떤 사람이 물었다.

피카소가 말했다.

"지금은 아무 것도 묻지 마십시오. 그림을 그리는 동안에 나는 화가일 뿐, 당신이 소문으로 들은 위대한 피카소가 아닙니다. 그리고 더 깊은 순간이 오면 그때는 이 화가마저 사라집니다. 다만 그림만이 남지요."

이 점을 이해할 수 있다면 첫 번째 일화가 분명하게 보일 것이다.

투자(投子)와 조주가 만났을 때, 조주가 물었다.

"투자산 움막의 주인이 아닙니까?"

투자가 말했다.

"용돈이나 주시오!"

투자는 질문에 대답하지 않았다. 그것은 이해될 필요가 있는 중요한 핵심 중의 하나이다. 선은 일반적인 방식이 아니라 선 특유의 방식으로 대답한다. 우리는 논리적인 대화가 진행되기를 기대하지만 선은 그런 기대에 부응하지 않는다.

조주와 투자는 둘 다 탁월한 스승이었다. 조주가 투자에게 물었다.

"투자 당신은 스승이 아닌가?"

그러자 투자는 자신에 대해서는 아무 언급도 없이 이렇게 말했다.

"용돈이나 주시오."

이 말은 무슨 뜻인가? 그것은 이런 뜻이다.

"당신은 위대한 스승이므로 대답을 필요로 하지 않는다. 대답이 없어도 당신은 당신 앞에 서 있는 투자를 볼 수 있다. 대답은 당신에 대한 모욕이 될 것이다. 투자의 현존과 에너지장(場), 투자의 오라(aura)를 당신 스스로 볼 수 없다고 가정할 때에만 나는 대답할 수 있다. 그것은 당신을 모욕하는 것이다. 나는 조주와 같은 위대한 스승을 모욕할 생각이 없다."

이것이 투자가 질문을 무시한 이유이다. 이렇게 질문을 무시하는 태도는 선이 아닌 다른 곳에서는 모욕으로 간주될 것이다. 그러나 선에서 그것은 전혀 다른 의미를 갖는다. 질문을 무시하는 것은 커다란 존경을 나타낸다.

"그게 무슨 말인가? 당신은 스스로 볼 수 있는 눈을 가졌다. 내가 당신을 알아보듯이 당신은 나를 알아볼 수 있다. 그러므로 질문은 어울리지 않는다. 나는 질문에 대답함으로써 당신을 모욕할 생각이 없다."

투자는 질문에 대답하지 않고 이렇게 부탁했다.

"용돈이나 주시오. 나는 가난한 선사요."

투자는 아주 가난한 선사였다. 그는 사람들이 오르기 힘든 깊은 산 속에 초막을 짓고 살았다. 그는 투자산 초막의 스승으로 알려졌지만 매우 가난했다. 그래서 그는 '내가 투자요' 하고 말하기보다는 자신의 가난을 보여준다. 그는 위대한 영혼의 소유자였지만 가장 가난한 스승으로 알려졌다. 그에게는 따르는 제자도 거의 없었다. 그는 사람들이 갈 엄두도 낼 수 없는 이상한 곳에 살았다. 그곳은 너무 멀었다. 게다가 그의 행동 또한 이상하기 짝이 없었다…….

조주는 투자에 대한 소문을 많이 들었다. 그에게 제자가 없는 이유에 대해서도 많은 소문이 돌고 있었다.

"그것은 투자 자신의 책임이다! 왜냐하면 그는 제자가 도망칠 수밖에 없을 정도로 이상하게 행동하기 때문이다. 무엇보다도, 사람들은 그렇게 멀리 떨어진 움막까지 가려 하지 않는다. 간혹 용기를 내서 찾아가는 사람이 있어도 투자의 행동 방식은 어찌나 괴이한지 찾아간 사람은 '어떻게 하면 이 이상한 사람에게서 도망칠 수 있을까?' 하고 머리를 굴리기에 바쁘다!."

그런데 조주는 투자를 만나러 갔다. 투자는 자신의 가난을 보여주었다.

"투자에 대해서는 신경 쓰지 말고 돈이나 좀 주시오! 지금 이 순간 내게 필요한 것은 돈이오."

그는 조주가 이해할 것이라고 믿는다.

"쓸데없는 질문을 하지 마시오. 당신은 훌륭한 스승인 데다 따르는 사람들이 수천 명이나 된다. 하지만 나는 가난한 스승이다. 내겐 따르는 사람도 없다. 사실, 그것은 다른 사람의 탓이 아니라 바로 내 탓이다. 나는 그들이 이해할 수 없는 방식으로 행동하기 때문이다. 하지만 나는 나를 바꿀 생각이 조금도 없다. 나는 나 자신으로 남을 수밖에 없다. 제자가 내 곁에 머물건 머물지 않건 상관없다. 나는 나 혼자로도 충분하다.

당신은 먼 길을 왔으니 돈이 좀 있을 것이다. 돈을 달라. 약간의 돈을 주는 것은 크게 해롭지 않을 것이다."

자신의 가난을 보여줌에 의해 투자는 이렇게 말한다.

"당신 앞에 서 있는 투자는 당신 스스로도 볼 수 있다. 투자는 돈을 요구한다."

조주는 투자의 움막으로 들어갔다. 그는 하루 종일 투자가 돌아오기를 기다리면서 그곳에 머물렀다. 그런데 투자는 어디론가 사라졌다. 저녁 때가 되자, 투자가 기름병을 들고 돌아왔다. 투자는 밤에 등불을 밝힐 기름조차 없을 정도로 가난했다. 그래서 그는 기름을 구하러 마을에 내려갔었을 것이다. 그는 기름 한 병을 구해서 돌아왔다.

조주가 말했다.

"투자에 대한 소문은 많이 들었건만, 내 눈엔 기름장수 늙은이만 보이는구려."

투자가 말했다.

"당신은 기름장수 늙은이만 보았지 투자는 모르는군요."

조주가 말했다.

"어떤 것이 투자요?"

투자가 기름병을 쳐들고 말했다.

　　"기름이요, 기름!"

　이 순간 투자는 없다. 다만 기름병이 있을 뿐이다. 투자에 관한한, 그는 부재(不在)한다. 그는 텅 빈 공(空)이다.

　　"아침에 당신이 왔을 때 나는 아무 것도 가진 게 없었다. 그래서 당신에게 돈을 요구했던 것이다. 나는 밤이 되어도 불을 밝힐 기름조차 없다. 나는 기름장수가 아니다. 나는 마을에 내려가 이 기름을 구걸했던 것이다. 그리고 지금 이 순간, 내게는 기름 외에는 아무 생각도 없다."

　이것은 니진스키의 말을 통해 이해하는 것이 더 쉬울 것이다. 니진스키는 이렇게 말했다.

　　"춤 속에서 나는 사라진다. 춤이 절정에 달할 때 나는 존재하지 않는다."

　그런 경험을 통해 수피 신비주의자인 메블라나 자랄루딘 루미(Mevlana Jalaludin Rumi)는 회전 명상을 만들었다. 그것이 그의 유일한 방법이다. 루미를 따르는 사람들은 '맴도는 탁발승(whirling dervishes)'으로 불려졌다. 그들은 몇 시간 동안 맴돌았다. 그것은 쉬운 일이 아니다. 루미는 서른여섯 시간 동안 쉬지 않고 맴돌았다. 그는 그 회전을 통해 깨달음을 얻었다. 왜냐하면 그는 회전 안에서 사라졌기 때문이다. 오직 회전만 남았다. 그의 내면에는 아무도 없었다. 전적인 '비어 있음(emptiness)'과 침묵이 있었을 뿐.

　루미, 피카소, 니진스키를 이해하는 것은 쉽다. 그런데 투자를 이해하는 것은 다소 어렵다. 투자는 말한다.

　　"당신은 투자에 대해 무엇을 묻는가? 이 순간에는 오직 기름이 있을 뿐이다. 아침에는 기름조차 없었다. 그래서 당신에게 돈을 요구했던 것이다……."

비슷한 경험과 비슷한 위대함을 가진 이 두 스승 사이의 일화는 그대에게 큰 도움을 줄 수 있다. 어떤 행위든지 그대가 완전히 흡수될 만큼 전체적이 된다면 그것은 하나의 명상이 된다. 그대 자신이 실종된 가운데 의식을 유지하는 것, 이것이 명상을 가장 단순하게 공식화시킨 것이다.

한 번은 죽은 승려의 장례를 치르면서 조주가 말했다.
"수많은 죽은 자들이 산 사람 하나를 보내는구나!"

죽은 사람은 스승이었다. 그리고 스승은 죽었을 때조차 살고 있는 그대보다 더 살아 있다. 스승은 결코 죽지 않는다. 그것이 그를 스승으로 만든 비밀이다. 그는 죽음이 없음을 안다. 그는 영원성을 획득했다. 그의 깊은 곳에는 영원 불멸성이 깃들어 있다. 그의 몸은 태울 수 있지만 그의 영원성은 태울 수 없다.

조주의 말은 옳다.

"이 이상한 행렬을 보라. 산 사람 하나를 따라서…… 산 사람은 관에 누워 있는데 수많은 시체가 그 뒤를 따르는구나."

그대가 완전히 의식적이지 않는 한, 조주와 같은 이해에 도달한 사람에게는 그대가 살아 있다(alive)고 주장할 수 없다. 기껏해야 그대는 최소한도로 생존한다(survive)고 말할 수 있을 뿐이다. 그대는 삶의 히말라야 같은 정상을 모른다. 그대는 의식의 태평양 같은 깊이를 모른다. 그대의 의식은 어쩌나 얄팍한지 칠십 년 동안 숨쉬고, 걷고, 말하고, 온갖 일을 하는 것조차 기적이라 할 만하다. 그대의 뿌리는 무시된다. 그대는 자신에게 뿌리가 있다는 사실조차 모른다. 그대는 결코 뿌리에 영양을 공급하지 않는다.

그대는 관심(attention)이 의식의 식량이라는 사실을 아는가?

아무도 그대에게 관심을 갖지 않으면 그대는 약간 당혹감을 느끼기 시작한다. 그대는 매우 무의식적인 방법으로 그것을 안다. 만일 도시 전체가 그대에게 관심을 갖지 않기로 결정한다면, 마치 그대가 없는 것처럼 무시한다면 어떻게 되겠는가? 그대는 자신이 죽었는지 살았는지 의심하기 시작할 것이다.

"내가 정말 존재하는 것일까? 아니면 그저 꿈에 불과한 것일까?"

그대는 끊임없이 타인의 관심을 필요로 한다.

이것이 부모와 자식, 남편과 부인, 친구들간의 갈등이다.

"내게 더 많은 관심을!" — 이것이 갈등의 원인이다. 부인은 남편의 손에서 신문을 빼앗으며 이렇게 말한다.

"내가 여기에 있는데 하루 종일 신문만 보는 이유가 뭐지요? 도대체 이 신문을 몇 번이나 보는 거예요?"

그 불쌍한 남편은 단지 부인과의 대화를 피하려고 신문을 보는 것이다. 왜냐하면 모든 대화는 결국 싸움으로 끝나기 때문이다.

여성과 논쟁해서 이길 수 있는 사람은 아무도 없다. 내가 아는 한, 지금까지 여성과 다투어서 이긴 사람은 아무도 없었다. 왜냐하면 여성은 그대가 주장을 내세우도록 허용하지 않기 때문이다. 여성은 여성만의 방법이 있다. 그녀는 물건을 집어 던지고, 접시를 깨고, 아이를 때린다. 이것이 그녀의 방법이다. 남편은 어쩔 수 없이 그녀에게 동의해야 한다. 그렇지 않으면 그녀는 온 집안을 뒤집어 놓을 것이다! 남편은 '맞아, 당신이 옳아요' 하고 말해야 한다. 남편은 그녀가 옳지 않다는 것을 안다. 그러나 어쩌겠는가? 아주 초기 단계부터 부인에게 동의하는 것이 더 낫다. 그렇지 않으면 시간이 지날수록 일이 점점 더 어렵게 꼬인다. 그리고 그녀는 점점 더 미쳐 간다.

그대는 미친 사람과 다툴 수 없다. 그리고 여성은 미치는 것이 자기에게 큰 이점이라는 것을 안다. 남편은 동의할 수 있는 어떤 시점을 놓치지 말아야 한다. 부인은 남편에게 더 큰 압력을 가하고, 남편의 목에 상처를 낸다. 결국 승리자가 되는 것은 항상 여성 쪽이다. 그러므로 지성이 있는 남편은 아주 초기 단계부터 패배를 자인한다.

이것이 세상에 단 한 부류의 남편이 존재하는 이유이다. 그 유일한 부류의 남편은 공처가이다. 그 외에 다른 남편은 없다. 여성과는 결코 다투지 않는 것이 낫다.

어떤 술집에 단골로 드나드는 두 사람이 있었다. 그들은 다른 손님이 다 나갈 때까지 밤 늦도록 앉아 있곤 했다. 그들은 술집이 문을 닫을 때가 되어서야 마지못해 나가곤 했다. 그들은 서로 모르는 사이였지만 서서히 상대방에게 관심을 갖게 되었다. 왜냐하면 그들은 항상 술집에서 마지막으로 나가는 사람들이었기 때문이다.

마침내 한 사람이 물었다.

"무슨 문제가 있소? 왜 날마다 여기에 죽치고 앉아 있는 것이오?"

다른 사람이 말했다.

"피차 일반이니 묻고 자시고 할 게 있겠소? 그것은 내 마누라 때문이오. 나는 그녀가 잠들 때까지 여기에 있어야 하오. 만일 그녀가 깨어 있을 때 들어가면 예외없이 어려운 일을 당하게 되오. 그녀는 온갖 문제를 일으킬 것이오."

그는 이렇게 대답하고 되물었다.

"당신은 왜 여기에 있소? 내 생각엔 당신도 똑같은 문제를 안고 있는 것 같은데……."

첫 번째 사람이 말했다.

"아니오. 나는 결혼하지 않았소. 내가 여기에 있는 것은 집에 돌아가봤자 아무도 없기 때문이오. 컴컴하고 적막한 방에 들어가기 싫어서 여기에 있는 것이오."

결혼한 사람이 말했다.

"이런 바보 같으니라구! 당신은 세상에서 가장 행운아요. 당신은 그 적막과 어둠을 즐길 수 있소. 그런데 술집에 앉아 시간을 낭비하고 있다니! 나야 어쩔 수 없이 이곳에 있지만 당신은 여기에 있을 하등의 이유가 없소!"

그런데 이것이 문제이다. 여성을 모르는 사람은 여성이 전혀 다른 피조물이라는 것을 결코 알지 못할 것이다. 여성은 눈으로 보기에 아주 좋다. 해변가 등지에서 만나는 것은 아주 기분 좋은 일이다. 그러나 거리를 두는 것이 좋다. 일단 가까이 가서 그녀의 손아귀에 걸려들면 그대는 비명을 지를 것이다. ㅡ"아뿔사!"

캘커타에는 힌두교 사원이 있다. 아마 그 사원은 인도에서 가장 유명한 사원일 것이다. 그곳은 깔리 여신의 사원인데, 그녀는 검은 피부에 네 개의 손을 가진 사나운 여성이다. 그녀의 한손에는 칼이 들려 있으며 다른 손에는 금방 자른 것처럼 피가 뚝뚝 떨어지는 머리가 들려 있다. 그리고 그녀의 발 밑에는 남편이 깔려 있다.

나는 그 사원에 가끔씩 들르곤 했다. 그 사원을 만든 사람은 심리학에 대해 알고 있었음에 틀림없다. 남성은 자신이 주인이라고 생각한다. 그것이 사회가 움직이는 방식이다. 그리고 여성은 남성이 그렇게 생각하도록 놔둔다. 왜냐하면 여성은 진짜 주인이 누구인지 알기 때문이다.

"그를 즐기게 놔두자. 생각으로 즐기는 것이야 별로 해로울 게 없으니까!"

남성은 자신을 남편이라고 부른다. '남편(husband)'은 '농부(farmer)'를 의미한다. 여성은 땅이며 농부는 땅을 경작한다. 남성으로 하여금 이 환상을 즐기도록 놔두라. 하지만 실상은 전혀 다르다.

끊임없이 싸우는 이 남성과 여성들은 결코 순수한 형태의 삶이 무엇인지 알지 못한다. 그들은 싸우는 데 정신이 팔려 삶을 알 시간이 없다. 그리고 가장 이상한 것은…… 카드 놀이를 하거나 장기를 두거나 또는 영화 구경을 하는 사람들에게 물으면 그들은 이렇게 대답한다.

"시간을 죽이고 있습니다."

그리고 아무도 이 말에 반대하지 않는다. 시간을 죽인다고? 시간이 그대를 죽이고 있다! 도대체 무슨 근거로 시간을 죽일 수 있다고 생각하는가? 그대는 시간을 잡을 수 없다. 시간은 너무 빨라서 볼 수도 없다. 그 속도는 그대의 시각을 넘어선다. 그대가 어떻게 시간을 죽인단 말인가? 그런데 수많은 사람들이 여러 가지 방법으로 시간을 죽이고 있다. 마치 파괴만을 위해 삶이 주어진 것처럼 말이다.

이 사람들은 자신이 살아 있다고 생각한다. 그러나 그것은 생각일 뿐이다. 왜냐하면 그들은 삶의 비밀을 모르기 때문이다. 그들은 가슴의 침묵에 대해 아는 게 없다. 그들은 자기 존재의 가장 깊은 근원으로 들어가 본 적이 없다. 그들은 자신의 뿌리에 관심을 기울임으로써 영양을 공급하지 않는다.

전적인 관심을 갖고 더 깊이 들어갈수록 그대는 더 살아 있게 된다. 그 다음엔 변화가 일어난다. 그대는 시간의 차원에서 시간이 없는 차원으로 들어간다. 시간의 차원에서 그대는 죽을 수밖에 없다. 시간 안에서는 태어난 모든 것이 죽어야 한다. 만일 삶과 죽음, 고통의 악순환에서 벗어나고 싶다면 시간이 없는 차원으로 들어가야 한다.

그대 내면의 중심에 도달하는 순간, 그대는 시간을 넘어선다. 그대는 영원성에 도달한다.

그 영원성이 바로 그대의 붓다이다. 이것이 본질적인 종교이다. 그 외에 다른 종교의 기도와 경전과 의식(儀式)은 아무 쓸모도 없다. 무용할 뿐만 아니라 위험하기까지 하다. 그대로 하여금 본질적인 종교를 발견하지 못하도록 방해한다는 의미에서 위험하다는 말이다. 그들은 모두 사이비 종교이다. 그 사이비 종교는 발판을 잃었다. 그런데 우리는 낡은 습관으로 인해 계속 교회, 사원, 시나고그(synagogue)[1]에 간다.

이 종교들은 범 세계적인 성직 제도의 수중에서 놀아난다. 성직자가 랍비냐, 주교냐, 푼디트(pundit)[2]냐 하는 문제는 중요하지 않다. 그 모든 것은 인류에 맞서는 커다란 공모(共謀)이다. 성직자는 종교라는 이름하에 계속 장난감을 줌으로써 그대를 몰두시킨다. 그리고 그대에게 뭔가 종교적인 일을 하고 있다는 느낌을 준다. 칼 막스(Karl Marx)가 말했듯이, 성직자는 그대를 아편의 영향권 아래 묶어둔다.

나는 다른 점에서는 칼 막스에 동의하지 않는다. 그러나 성직 제도와 종교가 아편이라는 점에 대해서는 절대적이고 무조건적인 동의를 표한다. 그들은 그대를 죽은 상태로 묶어둔다. 그들은 영원한

---

1) 유태교 회당.
2) 힌두교 성직자.

삶을 들여다볼 기회를 절대 허용하지 않는다.

조주의 말은 옳다.

"수많은 죽은 자들이 산 사람 하나를 보내는구나!"

그대는 자신의 중심에 뿌리를 내려야만 진정으로 산 사람이 될
수 있다. 만일 중심에 뿌리를 두지 못하고 외곽 위에 머물러 있다면
그대는 아무 기쁨이나 정열도 없이 그럭저럭 미지근하게 살고 있는
것이다. 그때, 삶이란 공허한 단어일 뿐이다.

그대는 자신의 진정한 삶을 발견해야 한다. 진정한 삶은 그대 안
에 숨어 있다. 그런데 그대는 다른 곳을 헤매고 있다. 그대는 안으
로 들어가는 것에 대해 생각조차 하지 않는다. 안으로 들어간다는
생각 자체가 이상한 관념처럼 보인다.

"안에 무엇이 있단 말인가? 뼈하고 피밖에 더 있겠는가?"

쓸데없이 그대 자신에 대한 두려움을 만들 이유가 무엇인가? 자
신의 뼈대를 보는 것은 진짜 무서운 일이 될 것이다! 그러나 우리
가 여기서 말하는 내향성은 그런 의미가 아니다. 우리가 말하는 내
향성은 물질적인 것을 초월한다는 의미이다. 그대의 뼈대는 물질이
다. 그대의 피도 물질이다. 안으로 들어간다는 것은 그대가 그대 자
신으로 생각하고 있는 이 뼈대를 초월한다는 의미이다.

이 초월은 너무나 간단하다. 약간의 지성만 있으면 그대는 생생
하게 살 수 있다. 노래와 꽃으로 가득 찬 삶을 춤출 수 있다. 나는
최소한 나의 사람들만이라도 사소한 것에 안주하지 말기를 원한다.
그대 존재의 모든 비밀을 발견하라. 그때, 그대는 우주의 비밀 전체
를 발견할 것이다. 그때, 삶은 전혀 다른 현상이 된다. 축복이 끊이
지 않으며 매순간이 축제가 된다. 순간마다 새로운 차원, 새로운 신

비가 열린다. 저절로 감사의 마음이 들 정도로 삶은 기적으로 가득
차게 된다. 그 감사는 신에 대한 것이 아니라, 나무와 새와 동물을
품고 있는 이 우주에 대한 것이다.

이 우주가 그대의 집이다. 그대는 우주에서 태어나 우주로 돌아
간다. 기도는 무의미하다. 오직 감사의 느낌만이…… 언어조차 사
용하지 않는다. 다만 깊은 감사의 느낌이 있을 뿐.

그러나 그대에게 주어진 꽃들의 정원, 그 빛나는 아름다움과 신
비를 직접 경험해야 비로소 감사의 느낌이 들 것이다. 그대는 그것
을 요구하지 않았다. 그대는 그것을 받을 자격이 없다. 그것을 얻으
려고 노력하지도 않았다. 그것은 존재계의 풍요로부터 주어진 선물
이다.

존재계는 빛나는 아름다움을 짊어지고 있기에 벅차다. 그래서 그
짐을 나누어 주기를 원한다.

그러나 그대가 존재의 중심에 위치하지 않는 한, 존재계는 나누
어 줄 수 없다. 존재계는 오직 붓다에게만 그 비밀을 나누어 줄 수
있다. 그리고 그대에게는 붓다가 될 가능성이 활짝 열려 있다.

기또(Gido)는 이렇게 읊었다.

허공에 핀 꽃을 정확하게 그릴 수는 없다…….

꽃은 바람 속에, 비 속에, 태양 속에서 항상 춤춘다. 그 꽃을 어
떻게 정확하게 그릴 수 있겠는가? 모든 사진과 그림은 죽은 것이
될 것이다.

허공에 핀 꽃을 정확하게 그릴 수는 없다.
붓을 내려놓고 가까이 가서 다시 한번 보라.
그 뒤에는 형상을 부여하는 빈 공간이 있다.

　기또는 만물이 변화한다고 말한다. 실물과 똑같은 사진은 있을 수 없다. 그대를 찍었다고 가정할 때, 필름을 현상하여 사진으로 나올 때쯤 그대는 이미 변해 있다. 그대는 더 늙어 있다. 그대는 더 이상 똑같은 사람이 아니다. 그러나 사진은 나이를 먹지 않는다.

　이것은 세상에 대한 경험에도 적용된다. 그대가 관찰한다는 사실을 제외하곤 모든 것이 변화하고 이동한다. 그러니 붓과 사진기를 내려놓으라. 그저 지켜 보라. 지켜 보면서 보여지는 것에 빠지지 마라. 보는 자를 기억하라. 그것이 그대가 의존할 수 있는 영구불변의 핵심이다. 보는 자만이 유일하게 확실하고 안전하다. 그대가 유일하게 의존할 수 있는 지점은 '보는 자'이다. 그 외에 모든 것은 변화한다. 모든 것이 유동적인 흐름이다.

　만일 어떤 것을 유동적인 흐름으로 이해한다면 그것은 완벽하게 아름다워진다. 그러나 그것을 영구불변한 것으로 만들기 시작할 때, 그대는 절망할 수밖에 없다. 남자와 여자의 만남은 아름답다. 그러나 결혼에 대해 생각하기 시작하는 순간, 그대는 한창 자라고 있는 아름다운 어떤 것을 파괴한다. 호적 등록소에 당도하는 순간 …… 아직도 건물 안으로 들어가기 전에 도망칠 시간은 있다!

　나는 혼인신고서를 작성하러 호적 등록소에 간 남녀에 대한 이야기를 들은 적이 있다. 먼저 여자가 사인을 하고 그 옆에 남자가 사인을 했다. 그런데 여자가 즉시 등록소 사무원에게 말했다.

　"나는 이혼하고 싶어요!"

　사무원이 말했다.

　"제정신입니까? 당신은 방금 혼인신고서를 작성했습니다! 그런데 이혼이라뇨?"

　여자가 말했다.

　"이 서류를 좀 보세요!"

서류 위에는 남자의 사인이 큰 대문자 글씨로 쓰여 있었다. 여자의 사인은 보통 크기의 글씨로 작게 쓰여져 있었다. 그런데 남자의 사인은 마치 신문의 헤드라인처럼 크게 쓰여 있었다!

여자가 말했다.

"이것만 봐도 알 만해요. 나는 이 사람과 문제에 빠지고 싶지 않아요. 그는 자신의 실체를 드러냈어요. 이미 갈등은 시작된 거라구요. 아예 처음부터 뿌리를 뽑는 게 낫겠어요."

호적 등록소에 가서 그곳에서 일어나는 일을 관찰하는 것은 좋은 경험이다.

아흔다섯 살 먹은 노인이 아흔세 살의 부인과 함께 호적 등록소에 나타났다. 그들은 이혼을 원했다. 사무원은 믿을 수 없었다. 그가 말했다.

"언제 결혼하셨습니까?"

노인이 말했다.

"글쎄, 하두 오래 전 일이라…… 확실치는 않지만 아마 칠십 년 전쯤 될 거요. 우리는 끊임없이 다투며 얼마나 고통스럽게 살아왔는지, 마치 태초부터 결혼한 것 같은 느낌이오. 나는 이 여자와 결혼하지 않았던 과거를 떠올릴 수도 없소."

사무원이 말했다.

"그렇게 오랫동안 버텨왔는데 왜 이제 와서 문제가 됩니까? 기껏해야 몇 달, 또는 몇 년밖에 더 살지 못할 텐데요. 이제 와서 이혼하는 게 무슨 소용입니까? 그렇게 이혼하고 싶었다면 왜 전에는 오지 않았습니까?"

그들이 말했다.

"우리는 자식들이 모두 죽기를 기다려 왔소. 그런데 오늘 마지막 하나 남은 자식이 죽었소. 이제, 우리 사이는 끝났소. 우리는 최소한 몇 달, 또는 몇 년 동안 평화롭게 살 수 있을 것이오. 우리는 언젠가 자식들이 모두 죽어서 우리가 돌보지 않아도 될 날이 있을 것이라고 생각하면서 기다리고 기다려 왔소. 우리는 온갖 고통을 겪었소. 언젠가 이혼할 수 있을 것이라는 단 하나의 희망이 우리를 이 때까지 버티게 한 것이오. 우리의 요구를 거절하지 마시오. 우리는 평생 동안 이 날을 기다리며 살았소. 단 며칠만이라도 자유롭게 살 날을 기다려 왔단 말이오."

일이 어렵게 되는 것은 그대가 자연에 어긋나는 어떤 것을 요구하고 기대하기 때문이다. 그대는 이 세상의 어느 것도 영원불멸한 것으로 만들 수 없다. 어떤 관계도 영원히 지속할 수 없다. 무엇인가 영원한 것으로 만들려고 하는 순간, 그대는 쓸데없이 화를 자초하는 격이다. 왜냐하면 그것은 자연에 어긋나기 때문이다. 자연은 유동적인 흐름이다. 끊임없는 움직임이 자연의 본성이다.

단 하나 움직이지 않는 것이 있다. 그것은 그대의 중심이다.

그러니 먼저 그대의 중심에 깊이 뿌리를 내려라. 그러면 그대의 삶에 수천 송이의 꽃이 피어날 것이다. 자연에 어긋나는 요구만 하지 않는다면 삶은 엄청난 기쁨이 될 수 있다. 방임(let-go)의 상태에 존재하라. 모든 것이 변한다. 그들이 변하게 놔두라. 다만 한 가지, 그대의 근원적인 실체는 절대 변하지 않는다는 것을 명심하라. 그것으로 충분하다. 그대는 안전하다. 다른 보장책은 필요 없다.

8.

병풍이 찢어져도 골격은 남는다

한 승려가 조주에게 물었다.

"스님의 특별한 가르침은 무엇입니까?"

조주가 말했다.

"병풍이 찢어져도 골격은 남는다."

한 승려가 물었다.

"스님의 특별한 가르침은 무엇입니까?"

조주가 말했다.

"나는 귀가 어두우니 큰소리로 물어라."

승려가 큰소리로 질문을 반복했다.

그러자 조주가 말했다.

"그대가 나의 특별한 가르침을 물으니 내가 그대의 특별한 가르침을 알겠구나."

한번은 조주가 신라원(新羅院)에 초청을 받았다.

조주가 문 앞에 이르러 물었다.

"여기는 어떤 절인가?"

원주(院主)가 대답했다.

"신라의 절입니다."

조주가 말했다.

"그대와 나는 바다만큼 떨어져 있구나."

한 승려가 물었다.

"거지가 오면 무엇을 주어야 합니까?"

조주가 대답했다.

"그는 아무 것도 부족한 것이 없다."

마니샤 오늘 밤은 조주의 마지막 강의이다. 경문으로 들어가기 전에, 조주와 그의 <사자의 포효>를 이해할 수 있도록 몇 가지 말해둘 것이 있다.

사자는 특수한 상징이다. 사자는 위험을 두려워하지 않고 홀로 걷는다. 그는 아무 것도 가진 게 없지만 정글의 왕으로 불리운다.

깨달은 사람은 사자와 유사성을 갖는다. 그는 홀로 걷는다. 그를 따르는 수천 명의 죽은 시체가 있다 해도 그의 <홀로 있음 : aloneness>을 빼앗지는 못한다. 군중은 그의 <홀로 있음>을 빼앗을 수 없다. 아무도 그의 <홀로 있음>에 다가갈 방법이 없다. 그리고 그는 위험한 길을 걷는다.

대부분의 사람들은 자신의 외부에 남는다. 거기엔 특별한 이유가 있다. 안으로 들어가는 것은 다소 위험하기 때문이다. 외부는 친숙하고 잘 알려진 것처럼 보인다. 그대는 그것을 어떻게 다루어야 할지 잘 안다. 그대는 그것과 관계를 맺도록 교육받고 세뇌되었다.

그러나 그대는 내면의 언어를 모른다. 그대는 내면의 하늘에 대해 아는 게 없다. 내면에 관한 한, 어디로 가야 할지 모른다. 그대에겐 안내인도 지도도 없다. 아무도 그대를 돕기 위해 동행할 수 없다. 이것이 엄청난 두려움을 낳는다. 사람들은 평생 외부에 머문다. 그들은 계속 외부적인 것에 몰두할 뿐, 조금의 시간적인 틈도 허용하지 않는다. 그 몰두에 시간적인 틈이 생기면, 항상 존재하는 미지의 어떤 것을 인식하게 될지도 모르기 때문이다.

어느 날, 뉴욕에서 그런 일이 발생했다.

주교가 교회에 들어갔다가 예수 그리스도처럼 보이는 청년을 발견했다. 그는 이 청년이 히피일지도 모른다고 생각했다. 하지만 예수와 너무 비슷하지 않은가!

그가 청년에게 물었다.

"당신은 누구요? 여기서 무엇을 하고 있소?"

청년이 대답했다.

"당신은 나를 알아볼 줄 알았는데…… 나는 예수 그리스도요!"

주교는 너무나 놀랐다. 누가 아는가? 그가 정말 예수일지! 하지만 그가 사기를 치고 있을 가능성도 있다. 주교는 즉시 로마의 교황에게 전화를 걸었다.

"히피 같기도 하고 예수 그리스도 같기도 한 청년이 여기에 서 있습니다. 어떻게 할까요? 나는 이런 상황에 어떻게 대처하라고 배운 바가 없습니다. 내 평생에 예수와 마주치게 되리라곤 생각도 못했습니다."

교황은 잠시 동안 침묵을 지켰다. 그 또한 이런 상황에 대한 준비가 없었다. 하지만 어쨌든 그 불쌍한 주교에게 뭔가 말해야 했다.

교황이 말했다.

"그에게 관심 갖지 말고 아무 일이나 하시오. 그는 예수일 수도 있고, 히피일 수도 있소. 빨리 경찰에 연락하고, 두려움을 없앨 수 있도록 아무 일에나 몰두하시오. 하지만 빨리 경찰을 부르시오!"

예수가 기독교 교회에 나타났다면 그것은 환영받는 일이 되어야 마땅할 것이다. 그러나 우리는 미지의 상황에 부딪칠 때 두려움을 느낀다. 우리는 어떻게 대처해야 할지 모른다. 왜냐하면 우리가 배운 것이라곤 이미 해답을 갖고 있는 상황에 대처하는 것뿐이기 때문이다.

우리의 마음은 거의 컴퓨터처럼 작동한다. 교육 제도는 우리의 마인드 컴퓨터(mind computer)에 계속 정보를 주입한다. 그래서 우리가 이미 정보를 갖고 있는 상황에 직면할 때에는 두려움에 빠지지 않는다. 우리는 이미 준비가 되어 있다. 그러나 내면에 관한 한, 우리는 전혀 준비가 되어 있지 않다.

내면의 숲으로 들어갈 때에는 무슨 일이 일어날지 알 수 없다. 무엇인가 가치 있는 것을 발견하게 될지, 또는 다시 밖으로 돌아올 수 있을지 전혀 알지 못한다.

한 여자가 남편을 내게 데려왔다. 그는 잠을 무서워하고 있었다. 그런데 그의 주장은 완벽하게 옳았다.

"내가 자다가 죽지 않을 것이라는 보장이 어디에 있습니까? 다음날 아침 일어나지 못할 수도 있지 않습니까? 잠은 나를 더 깊은 내면의 무의식으로 데리고 들어갑니다. 그리고 너무 깊이 들어가서 다시는 나오지 못할지도 모릅니다!"

부인이 말했다.

"이제는 그로 인해 온 가족이 미칠 지경입니다. 그는 잠을 자지 않고 가족들에게 계속 '자니?' 하고 묻습니다."

잠자는 사람에게 '자니?' 하고 묻는 것은 곧 그를 깨우는 것이다.

그것이 그의 모든 계략이었다. ─모든 사람이 깨어 있어야 한다. 모든 사람이 자는데 그 혼자 깨어 있는 것은 두려운 일이다. 무슨 일이 일어나도 그것을 볼 사람이 없지 않은가? 그래서 그는 잠자지 않았을 뿐만 아니라, 다른 사람들마저 잠자도록 가만 놔두지 않았다.

그는 의사와 심리학자 등 많은 사람들에게 보내졌다. 마침내 어떤 사람이 말했다.

"그를 더 미친 사람에게 보내는 게 낫겠소!"

그래서 부인은 그를 나에게 데려온 것이다. 나는 그의 말에 동의했다.

"그대가 옳다. 그대의 부인과 가족이 틀렸다. 그대에게 자라고 말하는 사람 모두가 틀렸다."

그는 만족한 듯이 웃으며 부인에게 말했다.

"보시오! 당신은 나를 바보들에게 데려갔지만 현자(賢者)는 나를 이해한다구!"

내가 부인에게 말했다.

"그대의 남편은 전적으로 옳다."

부인이 말했다.

"당신은 문제를 더 어렵게 만들고 있습니다! 지금까지 그는 최소한 자신이 뭔가 잘못됐다는 것을 알고 있었습니다. 그런데 이제는 그가 옳고, 다른 사람은 모두 틀리게 되었습니다."

내가 말했다.

"사실이 그렇다. 그는 완벽하게 옳다. 그러니 그대는 잠시 자리를 피하는 게 좋겠다. 잠시 우리끼리 할 이야기가 있다. 그는 곧 돌아갈 것이다."

남자가 말했다.

"도시 전체에서 나의 상황을 이해하는 사람은 당신뿐입니다."

내가 말했다.

"이것은 인류 전체의 상황이다. 아무도 내면으로 들어가기를 원하지 않는다. 내면으로 들어가는 데 대한 두려움은 미지의 세계, 어둠의 세계로 들어가는 두려움이다. 그리고 그대는 잠에 대해서도 똑같은 두려움을 느낀다. 그대는 영적인 사람이다. 다만 잠을 두려워하는 이유를 이해하지 못했을 뿐이다."

그는 자신이 영적인 사람이라는 내 말을 듣고 매우 행복해 했다. 모든 사람이 그를 미쳤다고 생각하지 않았는가?

내가 말했다.

"그대는 매우 영적인 사람이기 때문에 죽음조차 아무런 해를 미칠 수 없다. 그대는 편안하게 잘 수 있다."

그가 말했다.

"확실합니까?"

내가 말했다.

"확실하다."

그가 말했다.

"그렇다면 좋습니다. 나는 편안하게 자겠습니다. 당신 말대로 내가 영적인 사람이라면 죽음을 두려워할 이유가 없으니까요."

영적인 사람의 대표적인 현상은 죽음을 두려워하지 않는 것이다. 왜냐하면 죽음은 허구이기 때문이다. 죽음은 없다. 그대의 가장 내면에 있는 삶의 원리는 영원하다.

내가 말했다.

"그대는 모든 인간의 탐구에 있어서 매우 본질적인 어떤 것을 발견했다. 그대가 공포를 느끼는 것은 당연하다. 왜냐하면 그대는 자신이 죽지 않는다는 사실을, 그대가 죽음을 초월해 있다는 사실을 모르기 때문이다. 자, 이제 집에 가서 편안하게 자라. 아침에 그대를 만나러 가겠다."

아침이 되어 나는 그의 집에 갔다. 그의 가족들은 내가 무슨 수를 썼는지 궁금해 하고 있었다. 그는 실컷 자고 일어났던 것이다. 그는 아주 상쾌해 보였다.

그가 말했다.

"당신이 옳습니다. 잠은 아무 것도 빼앗아가지 못합니다. 죽음 또한 그렇습니다. 죽음은 다만 조금 더 긴 잠에 불과하니까요."

선은 조주에 이르러 사자의 포효가 되었다. 그 포효는 먼 산과 계곡까지 메아리쳤다. 오직 삶을 아는 사람, 설명이 아니라 경험으로 아는 사람만이 사자처럼 포효할 수 있다. 그는 잠자는 다른 사자들을 깨운다.

옛 이야기 하나가 있다.

암사자 한 마리가 이쪽 언덕에서 저쪽 언덕으로 뛰어넘다가 새끼를 낳았다. 새끼는 양 떼 사이에 떨어졌으며 양 떼 틈에서 자라났다. 새끼 사자는 자신이 양이 아니라는 것을 알 방도가 없었다. 아마 그는 동물의 역사에서 유일한 채식주의 사자였을 것이다! 그는 풀만 먹는 순수한 채식주의자였다.

풀만 먹었음에도 불구하고 그는 다른 양보다 더 크게 자라기 시작했다. 그러나 양들은 두려워하지 않았다. 양들은 그가 위험하다는 것을 까맣게 몰랐다. 양들은 그와 친구가 되었다. 어떤 양은 엄마의 역할을 했으며, 어떤 양은 아빠처럼 그를 돌보았다. 두려움의 문제는 전혀 없었다. 양들은 다만 이렇게 생각했다.

"사자처럼 보이는 양이라니 얼마나 보기 드문 양인가! 자연의 실수가 틀림없다."

양들은 자기들 틈에 그렇게 뛰어난 양이 있는 것을 아주 흐뭇해했다. 수천 마리의 양 떼가 움직일 때는 그가 중간에서 단연 돋보였다.

어느 날, 늙은 사자가 이 광경을 목격했다. 그는 눈을 의심했다. 양 떼 틈에 사자가 걷고 있는 모습은 본 적이 없었다.

늙은 사자를 보는 순간, 양 떼는 도망치기 시작했다. 그 틈에 섞여 젊은 사자도 도망쳤다. 그것은 당연한 일이었다. 그는 자신을 양으로 믿고 있었으니 말이다.

그러나 늙은 사자는 조주와 같은 인물이었다. 그는 젊은 사자를 붙잡았다. 젊은 사자는 두려움에 질려 벌벌 떨었다.

늙은 사자가 말했다.

"이 바보 같은 놈! 너는 벌벌 떨고 질질 짜면서 살려달라고 애원한다. 네 놈은 양 떼 틈으로 돌아가기를 원한다. 여기엔 네가 모르는 어떤 이유가 있다. 나는 너에게 그 사실을 깨우쳐 주지 않는 한 너를 놓아주지 않겠다. 나와 함께 가자!"

늙은 사자는 그를 호수로 끌고 갔다. 호수는 바람 한점 없이 고요했다. 늙은 사자는 그를 물가로 데려갔다.

"자, 물 속을 봐라! 네 얼굴과 내 얼굴을 잘 보란 말이다!"

물 속을 들여다보는 순간, 젊은 사자는 자기도 모르게 포효했다. 그것은 노력에 의해 나온 것이 아니었다. 자신이 사자라는 것을 아는 순간 자기도 모르게 포효한 것이다. 그 포효는 먼 산까지 메아리쳤다.

늙은 사자가 말했다.

"내 일은 끝났다. 이젠 네가 누구인지 알겠느냐?"

젊은 사자가 감사하며 말했다.

"친절을 베풀어 주셔서 감사합니다. 당신이 아니었다면 저는 평생 동안 양 떼와 함께 풀이나 뜯어먹으며 살았을 것입니다. 그리고 항상 혼자 있는 것을 무서워했겠지요. 당신은 저를 새롭게 탄생시켰습니다."

스승의 역할도 이와 똑같다. 어떤 상황을 조성하여 그대 자신을 알게 하고 저절로 사자의 포효가 나오도록 만드는 것, 이것이 스승의 역할이다.

조주는 훌륭한 장인(匠人)이었다. 그는 자신의 존재를 까맣게 잊고 깊이 잠들어 있는 사람들을 깨울 수 있는 새로운 방법을 고안하는 데 있어서 엄청난 재주를 갖고 있었다.

이 경문은 그의 방법론을 이해하는 데 도움이 될 것이다.

한 승려가 조주에게 물었다.

"스님의 특별한 가르침¹⁾은 무엇입니까?"

이것은 매우 일반적이고 흔한 질문이다. 철학자, 성직자, 학자에게는 이런 질문을 할 수 있다. 그러나 선사에게는 이런 질문을 할 수 없다.

이 점에서 선사는 완전히 다른 범주에 속한다. 왜냐하면 선에는 가르침이 없기 때문이다. 선에는 그대를 각성시키는 방법이 있다. 하지만 이론과 학설은 없다. 선은 아무 것도 가르치지 않는다. 다만 그대를 깨우고 자유로운 상태에 놔둘 뿐이다.

선은 그대를 프로그램시키지 않는다. 선의 역할은 그대를 깨우는 순간 끝난다. 그대의 각성 자체가 계율이 되고 사랑과 자비가 될 것이다. 훈련과 억압에 의해서가 아니라 각성에 의해 그대의 행동이 변화될 것이다.

가르침이란 무엇인가? 학설은 무엇인가? 그것은 억누르는 방법일 뿐이다. 그대를 기독교인으로 만들고, 원수를 사랑하라고 가르치는 것은…… 그대가 진정 사랑으로 넘치는 사람이라면 어떻게 적을 발견할 수 있겠는가? 만일 적이 있다면 그때는 그를 사랑하기가 어려울 것이다. 친구조차 사랑하기 어렵다. 궁극적인 사실을 알기 원한다면 그때는 자신조차 사랑하기 힘들다. 왜냐하면 그대는 자신이 누구인지 모르기 때문이다. 그대는 사랑이 무엇인지 모른다. 그러니 무엇을 할 수 있겠는가? 그대는 의무처럼 억지로 행동할 것이고 위선자가 될 것이다.

모든 기독교인, 모하메드교인, 힌두교인, 불교인은 다만 위선자일 뿐이다. 그들은 질투, 증오, 잔인성, 탐욕을 숨겨야 한다. 그리

---

1) 한문 원문에는 '가풍(家風)'으로 되어 있다.

고 그들은 그럴 듯한 계율과 수행으로 그것들을 덮어씌운다. 그러나 아무리 계율을 지킨다 해도 그대는 단지 억압하고 있음에 지나지 않는다. 억압된 것은 언제라도 튀어나올 수 있다.

설교 때마다 예수의 말을 인용하는 전도사가 있었다.

"누군가 당신의 왼쪽 뺨을 때리면 오른쪽 뺨까지 내미시오."

모두가 그 가르침을 사랑했다. 그것은 아름다운 말이다. 그런데 한 마을에서 어떤 바보 같은 사내가 문제를 일으켰다. 설교를 듣더니 그는 앞으로 나가 전도사의 뺨을 후려갈겼다. 그리곤 이렇게 말했다.

"자, 이제 다른 쪽 뺨도 내미시오!"

전도사는 화가 부글부글 끓었다. 이것은 생전 처음 있는 일이었다. 그러나 그는 화를 참았다. 전도사는 다른 쪽 뺨을 내밀었다. 그런데 사내는 멍청하게도 다시 한번 전도사의 뺨을 후려갈겼다! 전도사는 또 한번 뺨을 맞자마자 그에게 껑충 달려들었다. 그리곤 인정사정없이 마구 두들겨 패기 시작했다.

그가 말했다.

"이게 무슨 짓이오? 당신의 설교를 잊었소?"

전도사가 말했다.

"예수는 두 뺨에 대해서만 이야기했다. 그 다음에는 어떻게 하라고 말하지 않았다. 이제 나는 자유다!"

고탐 붓다에게도 그와 비슷한 일이 있었다. 그의 제자가 스승의 가르침을 전하러 떠날 참이었다. 그가 붓다에게 물었다.

"만일 누군가 잔인하고 못되게 군다면 그를 몇 번이나 용서해야 합니까?"

그가 이렇게 물은 것은 붓다가 용서하라고 가르쳤기 때문이다. 그런데 문제는 몇 번을 용서하느냐 하는 것이다. 사실, '몇 번이나?' 하고 묻는 것은 용서하지 않았다는 것을 드러낸다. 그는 참고 있을 뿐이다. 그의 물음은 '몇 번이나 참아야 합니까?' 하는 것이 정확한 의미이다.

붓다가 말했다.

"일곱 번 용서해라."

그가 말했다.

"좋습니다. 그러면 여덟 번째는 자유겠군요."

붓다가 말했다.

"그대는 내 말을 이해하지 못했다. 여덟 번째는 자유라니? 그게 무슨 뜻인가?"

그가 말했다.

"여덟 번째는 그 놈을 죽여 버리겠습니다! 일곱 번 용서한 것으로 충분합니다."

이런 상황을 보고 붓다가 말했다.

"일곱 번이 아니다. 일흔일곱 번 용서해라."

그때, 붓다의 수제자인 사리풋타(舍利佛)가 말했다.

"그래도 아무 차이가 없습니다. 일흔일곱 번을 용서하라고 말한다 해도 아무 것도 달라지지 않습니다. 왜냐하면 그 후에는 자유이니까요. 그는 원칙이 끝나고 자신의 본모습을 보여 줄 수 있는 순간을 기다릴 겁니다."

모든 계율에는 한계가 있다. 인간을 완전히 통제할 수는 없다. 그에게 얇은 껍질을 덮어씌울 수는 있겠지만 조금만 긁으면 모든 계율이 잊혀진다. 그리고 즉시 그 안의 동물이 뛰쳐 나온다.

그래서 조주와 같은 스승들은 고탐 붓다의 방법을 엄청나게 개량

했다. 그들은 고탐 붓다의 제자이고, 붓다는 길을 보여 주었지만
…… 길은 항상 더 훌륭하게 개량되어야 한다.

조주는 대단한 공헌을 했다. 그에게는 가르침이 없었다. '특별한
가르침'도 없었다. 그는 다만 그대를 일깨울 뿐이다. 그 다음에 어
떻게 사느냐는 전적으로 그대에게 달렸다. 그대의 각성이 탐욕과
야망, 증오, 질투, 복수심을 막지 못한다면 아무 것도 그대를 변형
시킬 수 없다.

그대는 깨어 있으며 주의 깊다. 이제 그대는 자유이다. 그대는 즉
흥적으로 다가오는 모든 일을 할 수 있다. 고정적인 가르침과 이론
은 없다. 그대는 스스로 결정한다.

이것이 다른 종교가 갖지 못한 선의 아름다움이다.

한 승려가 조주에게 물었다.
"스님의 특별한 가르침은 무엇입니까?"
조주가 말했다.
"병풍이 찢어져도 골격은 남는다."

질문을 한 사람은 조주의 제자였다. 조주는 제자에게 말한다.

"병풍이 찢어져도 골격은 남는다."

조주는 말한다.
"그대는 나와 함께 지냈으므로 내게 아무 가르침도 없다는 것을
잘 안다. 그래서 그대는 이렇게 묻는다.
'스승님의 특별한 가르침은 무엇입니까? 측근에 있는 제자들에겐
특별한 가르침을 주고 있음에 틀림없습니다.'

그러나 병풍, 즉 가르침을 필요로 하는 그대 마음의 한 부분이 찢어져도 여전히 창문의 골격은 남는다. 그대는 '특별한'이라는 말을 덧붙임으로써 똑같은 것을 묻고 있다. 내게는 가르침이 없다. 그리고 '특별한' 가르침도 없다."

선은 그대에게 가르칠 게 없다. 그것이 바로 영어 단어 'education(교육)'의 어원이 의미하는 바이다. 교육은 그대의 내면에 있는 것을 밖으로 끄집어낸다는 의미이다. 그것은 우물에서 물을 퍼올리는 것과 같다.

그런데 우리의 교육 제도는 정반대의 일을 하고 있다. 그것은 교육이라고 불려질 수도 없는 것들이다. 그러나 수많은 사람의 운명을 결정하는 정치가와 성직자들은 눈이 멀고 비지성적인 데다 어리석기 짝이 없다. 그들은 우리의 교육 기관이 외부적인 것으로 우리의 마음을 채우고 있다는 간단한 사실을 알지 못한다. 그들은 그대의 마음을 세뇌시킨다. 그들은 교육을 하고 있는 것이 아니다. 그들은 그대 내면의 중심에 있는 각성을 삶 안으로 끌어오지 못한다.

나는 평생 동안 인도 정부와 싸우고 있다. 하지만 그들은 여기[2]에서 행해지는 것이 바로 교육이며, 그들의 교육 기관은 교육을 행하고 있지 않다는 간단한 사실을 이해하지 못한다. 그들의 교육 기관은 모두 세뇌 기관에 불과하다. 그러나 지금의 상황은 나 한 사람이 거의 온 세상을 상대로 싸우는 꼴이다. 그들은 이곳이 교육의 장(場)이라는 것을 계속 부정한다. 그들은 '교육'이라는 단어의 의미조차 모른다.

선은 가르침이 아니라 교육이다. 선은 그대의 가장 중심에 있는 모든 것을 밖으로 끄집어낸다. 기쁨, 지복, 사랑, 자비, 그리고 피

---

2) 인도 뿌나의 오쇼 아쉬람을 말한다.

어날 수 있는 모든 꽃, 그대 안에 숨겨진 모든 노래와 춤, 창조성을 선은 밖으로 발현시킨다. 그대는 창조적인 우주의 한 부분이다. 그러므로 그대는 모든 곳에서 일어나는 창조의 과정에서 어떤 역할을 맡고 있음에 틀림없다.

그러나 소위 교육 제도라는 것들은, 그대로부터 무엇인가 끄집어내는 것이 아니라 정반대의 일을 하고 있다. 그들은 외부에 있는 것을 그대에게 주입한다. 그대의 종교, 사회, 문화 등 모든 사람이 똑같은 일을 하고 있다. 그대 내면의 예민한 씨앗을 조심스럽게 돌보는 사람은 아무도 없다. 그들은 계속 온갖 쓰레기를 집어던져서 그 씨앗을 덮어버린다. 그들은 적당한 토양과 적당한 기후를 주지 않는다. 씨앗이 싹틀 계절은 결코 오지 않는다. 씨앗은 초록색 잎을 틔우지 못한다. 그대 안에 숨어 있는 장미를 피우지 못한다.

나는 그대 안에 감춰진 이 장미를 '붓다'라고 부른다. 모든 사람이 내면에 붓다를 지니고 있다. 다만 밖으로 끄집어내는 것이 필요할 뿐이다. 그대의 중심을 밖으로 끄집어내기 위해서는 방편이 만들어져야 한다. 이것이 유일한 교육이다. 그 밖의 모든 것은 가르침이지 교육이 아니다. 그리고 가르침은 항상 기득권 층의 편이다.

가르침은 결코 혁명적일 수 없다. 선생은 기득권 층의 하수인이다. 오직 구도자만이 혁명적일 수 있다. 왜냐하면 구도자는 기득권 층이 아니며, 기득권 층에 대한 의무도 없기 때문이다. 그는 모든 관계와 지배 세력으로부터 자유롭다. 그는 홀로 선다. 그는 사자처럼 포효한다.

세상에서 혁명적인 사람은 오직 극소수의 구도자들 뿐이다. 조주는 위대한 혁명가이다.

한 승려가 물었다.

"스님의 특별한 가르침은 무엇입니까?"

조주가 말했다.

"나는 귀가 어두우니 큰소리로 물어라."

이 질문 또한 제자로부터 나온 것이다. 조주의 귀가 어둡지 않다는 것은 누구나 알고 있었다. 조주는 큰소리로 말하라고 요구함으로써 제자를 깨우고 싶었던 것이다. 큰소리로 말함에 의해 그대는 잠에서 깨어날지도 모른다.

이런 경험을 한 적이 있는가? 꿈속에서 큰소리로 말하면 그대는 즉시 잠이 깬다. 그대는 꿈속에서 비명을 질러야 하는 상황을 맞게 된다. 절벽에서 떨어지는 꿈을 꿀 때 그대는 비명을 지른다. 악몽은 큰소리로 비명을 질러야 하는 상황으로 몰아간다. 그리고 비명을 지르면서 그대는 악몽에서 깨어난다.

조주의 대답에 대해 언급한 사람은 아무도 없다. 선맥에서조차 조주가 '나는 귀가 어두우니 큰소리로 물어라'고 말한 이유를 언급하지 않는다.

승려가 큰소리로 질문을 반복했다. 그러자 조주가 말했다.

"그대가 나의 특별한 가르침을 물으니 내가 그대의 특별한 가르침을 알겠구나."

이 승려는 선교사 타입이었다. 그는 스스로 스승인 체할 수 있도록 더 많은 지식을 모으는 데 관심이 있었다.

그는 조주의 방편을 놓쳤다. 만일 조주가 '큰소리로 말하라'고 한 이유를 알았다면……. 그리고 그는 조주가 귀가 어둡지 않다는 것을 안다. 그러므로 여기에는 뭔가 이해되어야 할 점이 있다. 조주가 큰소리로 말하라고 요구하는 것은 그를 깨우기 위함이다. 그런데 승려는 요점을 놓쳤다. 그는 큰소리로 질문을 반복했다. 만일 핵심을 이해했다면 그는 무릎을 꿇고 조주에게 큰절을 올렸을 것이다.

각성(awareness) 안에는 가르침도 없고 특별한 가르침도 없다. 다만 즉흥적이고 자발적으로 행동할 뿐이다. 어떤 상황에 부딪치건 그대는 거울이 된다. 그대는 거울 앞에 지나가는 모든 것을 낱낱이 비춘다.

각성은 하나의 거울이다. 그때, 그대의 반응은 낡은 가르침에서 온 것이 아니다. 그대는 지금 이 순간에 새롭게 반응한다. 그대는 기억화된 대답을 반복하지 않는다. 그대는 전적으로 깨어 있는 상태에서 즉흥적으로 반응한다. 상황을 보면서 이 순간에 필요한 모든 것이 그대의 중심으로부터 나온다. 그것은 기억이 아니라 그대의 존재에서 나오는 것이다.

그런데 승려는 이해하지 못했다. 그래서 조주는 이렇게 말한다.

"그대가 나의 특별한 가르침을 물으니 내가 그대의 특별한 가르침을 알겠구나."

선은 미묘한 게임이다. 선은 매우 정교하다. 그러므로 그대는 주의 깊은 의식으로 무슨 일이 일어나는지 지켜 보아야 한다.

조주는 말했다.

"그대는 나의 가르침을 묻는다. 나는 그대의 가르침에 대해 물은 바 없지만 그대의 특별한 가르침이 무엇인지 안다. 왜냐하면 그대가 가진 모든 것은 경전에 들어 있기 때문이다. 모든 것이 빌려온 것일 뿐, 그대 스스로 이룬 것은 하나도 없다. 그러므로 누구든지 그대의 특별한 가르침을 알 수 있다."

　조주는 승려에게 직접 '그대는 이해하지 못했다'고 말하지 않았다. 하지만 그는 간접적인 방식으로 승려의 모든 가르침과 계율이 빌려온 것임을 지적한다. 의식의 각성을 이룬 사람은 순간마다 자신의 각성에 따라 행동한다. 그는 원칙에 따라 행동하지 않는다.

　그런데 모든 종교는 원칙으로 가득하다. 그 원칙은 인류를 파괴해 왔다. 인간의 각성과 자발적인 즉흥성을 파괴했다.

　신은 세상을 만든 다음, 바빌로니아인, 이집트인 등 여러 민족에게 묻고 다녔다.

　"너희들은 계명을 원하는가?"

　바빌로니아인들이 말했다.

　"먼저 계명이 무엇인지 알아야겠습니다."

　신이 말했다.

　"간음하지 마라."

　바빌로니아인들이 말했다.

　"그러면 우리에게 무엇을 하란 말입니까? 그런 계명은 당신이나 가지십시오."

　신은 이집트인을 찾아가 말했다.

　"내가 너희들에게 도둑질하지 말라는 계명을 주겠다."

　이집트인들이 말했다.

　"그러면 인생에 무슨 재미가 있겠습니까? 우리는 그런 계명에 관심 없습니다. 도둑질은 흥미 있는 게임이니까요."

　그 다음에 신은 모세를 만났다. 모세는 '계명이 무엇입니까?' 하고 묻지 않았다. 그는 즉시 이렇게 물었다.

　"값이 얼마입니까?"

　신이 말했다.

"완전 공짜다."
모세가 말했다.
"공짜라고요? 그러면 저는 열 개를 갖겠습니다."

이제, 십계명과 같은 계명은 유태인의 전통에만 있지 않다. 모든 민족이 '이렇게 해야 하고 저렇게 해서는 안된다'는 계명을 갖고 있다. 시간이 흐르고 삶은 끊임없이 변화한다. 그런데 계명은 변함없이 가슴을 무겁게 짓누른다.

예를 들어, 모하메드는 '이잣돈을 받아서는 안된다'는 계명을 남겼다. 그런데 모든 사업은 이자에 의존한다. 만일 모하메드교인들이 가난하다면 ─그들은 세상 어디에서도 가난하게 산다─ 그 간단한 이유는 그들이 아직도 이잣돈을 받아서도 주어서도 안된다는 이상한 생각을 따르고 있기 때문이다. 이자 없이 돈을 내주는 은행은 없다. 최고 부유층에 속하는 사람들도 은행에서 돈을 빌려쓴다. 그 돈을 이용해 더 많은 이익을 남길 수 있기 때문이다. 그런데 모하메드교인들은 이자를 주고받는 것이 종교를 배반하는 행위라는 이상한 원칙에 묶여 있다. 그들은 가난하게 산다. 인도에서도 가장 싸구려 일을 하는 사람들은 모하메드교인이다. 그러나 이것은 하나의 예일 뿐이다.

최고로 발현된 인간의 의식은 어떤 상황에서도 어떻게 대응해야 할지 결정할 수 있다. 선은 이 점을 강조한다. 그러므로 단 하나의 중요한 일은 가능한 한 의식적으로 되는 것이다. 모든 계명은 어린 아이들에게나 어울리는 것이다.

한번은 조주가 신라원(新羅院)에 초청을 받았다.

조주가 문 앞에 이르러 물었다.
"여기는 어떤 절인가?"
원주(院主)가 대답했다.
"신라의 절입니다."
조주가 말했다.
"그대와 나는 바다만큼 떨어져 있구나."

조주는 말한다. 붓다는 한국인도 일본인도 될 수 없다. 각성 (awareness)은 어느 땅에도, 어느 나라에도 속하지 않는다. 어떻게 이 절이 한국의 절이 될 수 있겠는가? 여기는 붓다의 절이다. 붓다는 나라, 민족, 인종에 속하지 않는다. 붓다는 모든 인류에 속한다.

'붓다'라는 단어는 다만 각성을 의미한다. 붓다는 한 개인의 이름이 아니다. 그의 개인적인 이름은 고탐 싯달타(Gautam Siddharth)였다. 그런데 그가 깨달음을 얻고 나자 그것을 아는 사람들은 그를 고탐 붓다(Gautam Buddha)라고 부르기 시작했다. 그들은 싯달타라는 이름을 버렸다. 'buddha'라는 단어는 'budh'라는 산스크리트어에서 나왔다. 붓다는 완전히 깨어난 자를 의미할 뿐이다.

어떻게 깨달음이 국가에 속할 수 있겠는가? 그런 까닭에 조주는 '그대와 나는 바다만큼 떨어져 있구나' 하고 말한 것이다.

조주는 말한다.

"우리는 같은 절에 서 있지만 그대와 나 사이의 거리는 바다만큼 멀다. 그대는 한국의 붓다, 한국의 절이라고 생각한다. 그대는 붓다 의식(buddha consciousness)이 모든 사람에 속한다는 것을 알지 못하는가? 붓다 의식은 어느 누구의 독점물도 아니다."

모든 사람은 어느 날엔가 붓다가 될 운명이다. 그것은 자연의 정상적인 과정이다. 그대는 원하는 기간만큼 붓다가 되는 것을 피할수 있다. 그리고 그대는 오랫동안 피해 왔다. 그러나 아무리 피해도붓다가 될 운명에서 벗어날 수는 없다. 왜냐하면 붓다는 그대의 본성이기 때문이다. 머지않아 그대는 외부 세계에 싫증을 느끼고 내면을 들여다보게 될 것이다. 그리고 그 내면의 실체는 어느 국가에도 속하지 않는다.

한 승려가 물었다.
"거지가 오면 무엇을 주어야 합니까?"[3]

'beggar(거지)'라는 영어 번역에는 오해가 생길 수밖에 없다. 인도에서는 거지를 '비까리(bhikhari)'라고 부른다. 붓다는 자신의 수행자들을 '비꾸(bhikkhu)'라고 불렀는데, 비꾸는 비까리를 의미한다. 두 단어 모두 'beggar'로 번역될 수 있다. 하지만 비꾸와 비까리의 뜻은 하늘과 땅만큼이나 멀다. 비꾸는 모든 야망과 탐욕, 질투를 버린 자이다. 비꾸는 자기 자신을 발견하고 이제 자기만으로도 충분한 자이다. 그는 더 이상 아무 것도 요구하지 않는다.
그러므로 '비꾸(bhikkhu)'라는 단어는 매우 존경스럽고 명예로운 호칭이다. 그러나 '비까리(bhikhari)'는 거지에 불과하다. 그러므로 '거지(beggar)가 오면 무엇을 주어야 합니까?'라는 영어 번역에는…… 그대는 영어에 '비꾸(bhikkhu)'에 해당하는 단어가 없다는 것을 명심해야 한다.

---

3) 한문 원전에는 貧子(가난한 자)로 되어 있다. 그런데 이 강의에 사용한 영역본에는 '貧子'가 거지를 뜻하는 'beggar'로 번역되어 있다.

이 질문은 말한다.

"비꾸가 오면 무엇을 주어야 합니까? 모든 것을 포기한 자, 자기 자신을 발견한 자, 자신의 '무(無)'를 발견한 자가 오면 무엇을 주어야 합니까?"

조주가 대답했다.

"그는 아무 것도 부족한 것이 없다."

이 대답은 'beggar'가 적당한 번역이 아님을 분명하게 밝혀줄 것이다. 비꾸는 아무 것도 부족하지 않다. 그러므로 그대는 그에게 아무 것도 줄 수 없다. 그는 아무 것도 필요 없다. 그는 절대적으로 만족한 경지에 도달했다. 비꾸는 외부에 왕국이 없어도 진정한 황제이다. 그에겐 내면의 왕국이 있다. 그 내면의 왕국은 외부의 왕국에 비할 수 없는 가치를 지닌다.

그래서 조주는 말한다.

"그는 아무 것도 모자람이 없다. 그에게 뭔가 줄 수 있다고 생각하지 마라."

그런데 영어 번역은 잘못된 의미를 전달한다. 만일 '거지(beggar)가 오면 무엇을 주어야 합니까?' 하고 묻는다면…… 거지는 비꾸가 아니다. 거지는 구걸하기 위해 온다. 그는 온갖 야망과 욕망을 갖고 있다. 구걸이 그의 직업이다.

거지들은 은행에 구좌를 갖고 있을지도 모른다. 아마 그들은 다른 사람들보다 더 욕심이 많을 것이다. 그들은 아무 일도 하지 않는다. 그러면서도 세상의 모든 것을 원한다. '비꾸(bhikkhu)'에 해당하는 말이 없다는 점에서 볼 때, 영어는 매우 빈약한 언어이다. 비꾸는 거지가 아니라는 것을 명심하라. 비꾸는 주인이다.

선의 전통에서 보면, 비꾸가 한 끼 식사로 음식이 필요해서 왔을 때 그대는 음식을 제공한다. 그대는 비꾸가 음식을 부탁할 만큼 그대를 가치 있는 인물로 여기는 데 대해 고마움을 느낀다. 먼저 그대는 비꾸에게 음식을 주고, 그 다음에는 고마움의 표시로 무엇인가 더 준다.

"당신 같은 분이 저희 집을 찾아오시다니 영광입니다. 저 또한 언젠가 당신과 같은 의식의 경지에 오르기를 희망합니다. 하지만 당신에게 음식을 제공하는 것만으로도 얼마나 큰 공덕입니까? 당신은 저를 행복하게 해주셨습니다. 제 감사의 선물을 받아 주십시오."

그리고 그는 비꾸가 사용할 수 있는 밥그릇이나 다른 물건을 줄 것이다.

비꾸는 거지가 아니다. 그래야만 조주의 대답이 옳다.

"그는 아무 것도 부족한 것이 없다."

그대는 그에게 아무 것도 줄 수 없다. 다만 그의 축복을 부탁할 수 있을 따름이다. 그대는 그의 발을 만지며 경의를 표할 수 있다. 그리고 발을 만지도록 허락해 준 그에게 감사함을 느낀다.

소동파(蘇東坡)[4]는 이렇게 읊었다.

시냇물 흐르는 소리가 그대로 진리의 설법이요,

---

4) 당송(唐宋) 2대(二代)의 팔대 문장가 중의 한 사람으로 문학사에 큰 빛을 던졌다. 시, 서, 화에 능했을 뿐만 아니라 불교에 대한 공부가 깊었다.

산색(山色)이 청정(淸淨)한 법신(法身)이니,
나는 지난밤 팔만 사천 법문을 들었다.
하지만 이와 같이 깨달은 바를
훗날 어떻게 말하리오.[5]

소동파는 아름다운 방식으로 말한다.

"지난밤, 시냇물 흐르는 소리의 가르침에서, 산색의 순수함에서 수많은 찬미의 노래를 들었다. 하지만 오늘은 그것을 어떻게 말할 수 있겠는가? 그것은 언어를 초월한다. 그것은 실존적인 체험이었다. 그러므로 그에 대해 뭔가 말하려 한다 해도 그것은 옳지 않은 짓이 될 것이다. 오직 침묵만이 무엇인가 전달할 수 있을 것이다. 또는 노래와 춤만이 무엇인가 전달할 수 있을 것이다. 단도직입적인 산문(散文)은 도움이 되지 않는다."

이것은 물 흐르는 소리에만 적용되는 사실이 아니다. 미학적이고 영적이며 신비적인 체험 모두가 그렇다. 경험이 그대를 압도할 때에는 그것을 전달할 수 있을 것 같은 느낌이 든다. 그러나 막상 전달하려 하면 무능하기 짝이 없는 자신을 발견할 것이다. 어떤 단어도 옳은 것 같지 않다. 그 깊이와 경지를 전달하는 데에는 어떤 언어도 적당하지 않은 것 같다. 사실, 마음은 내적인 경험과 교류하도록 만들어지지 않았다. 내적인 경험은 오직 존재에서 존재로 전달될 뿐이다. 그것은 가슴과 가슴의 교류이다. 내적 체험에 관한 한, 머리와 머리의 교류는 불가능하다.

---

5) 소동파가 상총선사(常聰禪師)에게 '무정설법(無情說法)'이란 말을 듣고 돌아오다가 문득 깨달은 바 있어 읊은 게송이다. 원문은 다음과 같다.
溪聲便是長廣舌 山色豈非淸淨身
夜來八萬四千偈 他日如何擧似人

마니샤의 질문
퍼즐(puzzle)과 신비(mystery)의 차이점은 무엇입니까?

마니샤,

퍼즐은 해결될 수 있다. 아무리 어려운 퍼즐이라 해도 그대는 해결책을 발견할 수 있다. 그런데 신비는 풀려고 하면 할수록 더 신비해진다. 신비를 푸는 것은 불가능하다. 다만 그 안에 용해될 수 있을 뿐이다.

한 수학교수가 있었다. 그는 새해 첫날 아이에게 줄 장난감을 사러 가게에 들어갔다. 수학자로서 그는 당연히 수학 퍼즐에 관심이 갔다.

상점 주인이 말했다.

"나는 당신이 훌륭한 수학자라는 것을 압니다. 당신에게 꼭 어울리는 물건이 있습니다. 이 장난감은 최신형입니다. 그런데 아이에게 주기 전에 먼저 당신이 풀어보는 게 어떨까요?"

수학자는 이리저리 맞추며 퍼즐을 풀기 시작했다. 그러나 아무리해도 풀리지 않았다. 그는 진땀이 흘렀다. 손님들과 상인들, 그리고 주인이 지켜보는 가운데 수학자는 아주 난처한 입장에 놓였다. 간단한 장난감을 수학교수가 풀지 못한다는 것은 수치스러운 일이었다.

수학교수는 결국 포기하고 말았다. 그가 상점 주인에게 말했다.

"나는 이 퍼즐을 어떻게 푸는지 도대체 모르겠소."

상점 주인이 말했다.

"그렇게 실망하거나 부끄러워 할 필요가 없습니다. 이 장난감은 애초부터 풀리지 않게 만들어졌으니까요. 이 장난감은 어떤 목적을 위해 만들어진 것입니다. 아이들에게 인생도 이와 같다는 것을 가르치려는 것이지요."

모든 사람이 잘못된 장소에서 최후를 맞는다. 올바른 곳에 도달한 붓다를 발견하기는 매우 힘들다. 모든 사람이 열심히 노력하지만 항상 빈 손으로 무덤에 도착한다.

마니샤, 퍼즐은 해결될 수 있다. 그러나 신비는 해결될 수 없다. 그것이 차이점이다. 신비는 풀려고 하면 할수록 더 신비해진다. 곧 그대는 신비가 엄청나게 거대해져서 그것을 풀기는커녕 그 안에 용해되어 버린 자신을 발견할 것이다.

인도의 신비주의자인 까비르(Kabir)는 주목할 만한 문장을 남겼다.

헤라트, 헤라트, 히 샤키 까비르 라하 헤라이
(Herat, herat, he sakhi Kabir raha herai.)

그는 말한다.

"친구여, 나는 끊임없이 찾아 헤매었다. 그런데 발견은커녕 나 자신마저 잃어버렸구나."

신비 안에서 그대는 실종될 것이다. 신비는 그대를 용해시킬 것이다. 그리고 그대는 신비의 한 부분이 될 것이다.

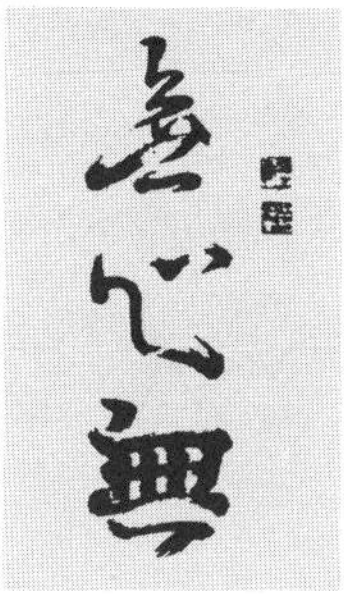

오쇼에 대하여

오쇼의 가르침은 어떠한 틀로도 규정하기 힘들 만큼 다양한 주제를 다루고 있다. 그의 강의는 삶의 의미를 묻는 개인적인 문제에서부터 현대사회가 안고 있는 시급한 정치 · 사회적인 문제에 이르기까지 거의 모든 주제를 망라한다. 오쇼의 책은 그가 직접 저술한 것이 아니라, 다양한 국적의 청중들에게 들려준 즉흥적인 강의들을 오디오와 비디오로 기록하여 책으로 펴낸 것이다. 그는 자신의 강의에 대해 이렇게 말했다. "내가 무슨 말을 하건 그 말은 지금 이 시대의 당신들을 위한 것일 뿐만 아니라 다가오는 미래 세대를 위한 말이기도 하다."

런던의 선데이 타임스(Sunday Times)는 20세기를 빛낸 천 명의 위인들 중 한 사람으로 오쇼를 선정했으며, 미국의 작가 탐 로빈스(Tom Robbins)는 오쇼를 '예수 이후로 가장 위험한 인물'로 평가하기도 했다. 인도의 선데이 미드데이(Sunday Mid-Day)는 인도의 운명을 바꾼 열 명의 인물을 선정했는데, 그 중에는 간디, 네루, 붓다 등의 인물과 더불어 오쇼가 포함되어 있었다.

오쇼는 자신의 일에 대해 새로운 인간이 탄생하도록 기반을 닦는 것이라고 했으며, 이 새로운 인간을 '조르바 붓다(Zorba the Buddha)'로 부르곤 했다. 조르바 붓다란 니코스 카잔차키스의 소설 속 주인공인 그리스인 조르바처럼 세속의 즐거움을 누리는 동시에, 붓다와 같은 내면의 평화를 겸비한 존재를 일컫는다. 오쇼의 가르침에 일관되게 흐르는 정신은, 과거로부터 계승되어온 시대를 초월한 지혜와 오늘날의 과학문명이 지닌 궁극적인 가능성을 한데 아울러 통합하는 것이다.

또한 오쇼는 점점 가속화되는 현대인들의 생활환경에 맞는 명상법을 도입하여 인간의 내면을 변화시키는 데 혁명적인 공헌을 하였다. 그의 독창적인 '역동 명상법'들은 심신에 쌓인 스트레스를 풀어줌으로써 일상생활 속에서 더 수월하게 평화와 고요함을 경험할 수 있게 해준다.

아래의 두 책을 참고하여 오쇼의 생애에 대해 더 자세하게 알아볼 수 있다.
· 『Autobiography of a Spiritually Incorrect Mystic』
· 『Glimpses of a Golden Childhood』

오쇼 국제 명상 리조트

Osho International Meditation Resort | www.osho.com/meditationresort

위치

인도 뭄바이(Mumbai)에서 남동쪽으로 160킬로 떨어진 뿌네(Pune)에 위치하고 있는 오쇼 국제 명상 리조트는 휴가를 즐기기에 매우 적합한 곳으로, 우람한 나무들이 주거지역을 둘러싸며 40에이커에 달하는 아름다운 정원을 형성하고 있습니다.

특징

매년 100개국이 넘는 나라로부터 수많은 방문객들이 오쇼 국제 명상 리조트를 찾아오고 있습니다. 이 독창적인 명상 리조트는 축제를 즐기듯 즐거운 분위기 속에서 더 평온하며 더 깨어있는 창조적인 방식으로, 새로운 삶의 길을 경험할 수 있는 기회를 제공합니다. 몇 시간의 단기 프로그램에서부터 해를 넘기는 장기 프로그램에 이르기까지, 선택의 폭이 매우 다양합니다. 아무것도 하지 않고 그저 휴식을 취하는 것도 오쇼 국제 명상 리조트에서 제공하는 프로그램 중의 하나입니다.

모든 프로그램은 '조르바 붓다(Zorba the Buddha)' 라는 오쇼의 비전에 바탕을 두고 있습니다. 조르바 붓다는 날마다의 일상생활에 창조적으로 임하며 침묵과 명상 속에서 고요하게 휴식하는 새로운 유형의 인간을 뜻합니다.

명상 프로그램

활동적인 명상, 정적인 명상, 전통적인 명상법, 혁신적인 방편들, 오쇼의 역동 명상법에 이르기까지 각 개인에 맞는 명상 프로그램이 하루 종일 진행됩니다. 이 명상 프로그램들은 세계에서 가장 큰 규모의 명상홀인 '오쇼 오디토리엄(Osho Auditorium)' 에서 진행됩니다.

멀티버시티 Multiversity

오쇼 멀티버시티가 제공하는 다양한 종류의 개인 세션, 수련 코스와 그룹 워크숍은 창조적인 예술, 건강 요법, 인간관계 개선, 개인의 변형, 작업 명상, 비의적인 학문과 선(禪)적인 접근방식이 도입되었고, 프로그램의 범위 또한 스포츠와 레크리에이션 등을 망라하고 있습니다. 이처럼 다양한 프로그램들은 명상과 결합되어 성공적인 효과를 내고 있는데, 이것은 오쇼 멀티버시티가 인간을 여러 부분들의 조합으로 보는 것에서 그치지 않고, 그를 훨씬 뛰어넘는 존재로 인식하는 명상적 이해에 기반하기 때문입니다.

바쇼 스파 Basho Spa

고품격의 바쇼 스파에는 울창한 나무와 열대식물에 둘러싸인 야외 수영장, 독창적 스타일의 넉넉한 자꾸지(Jacuzzi), 사우나, 테니스장을 비롯한 여러 체육 시설 등이 아름답게 배치되어 있습니다.

먹거리

리조트 내의 여러 식당에서는 서양식, 아시아식, 인도식 채식 요리가 제공되며, 대부분의 식재료는 명상 리조트의 방문객을 위해 유기농법으로 생산된 것들입니다. 빵과 케이크 역시 리조트 내에서 자체적으로 만들고 있습니다.

야간 행사

야간에도 다양한 종류의 행사가 벌어집니다. 그중 최고로 꼽히는 댄스파티를 비롯해 별빛 아래서 행해지는 보름날 명상 프로그램, 각양각색의 쇼와 음악 공연, 그리고 여러 가지 명상법들이 진행됩니다. 이 밖에도 플라자 카페(Plaza Cafe)에서 친구들을 만나 즐기거나, 정적에 잠긴 아름다운 정원을 산책하는 것도 좋습니다.

편의 시설

리조트 내에는 은행, 여행사, 피시방이 준비되어 있습니다. 기본적인 생필품은 갤러리아(Galleria)에서 구입이 가능하며, 멀티미디어 갤러리(Multimedia Gallery)에서는 오쇼의 미디어 저작물을 구입할 수 있습니다. 그 밖에 더욱 다양한 쇼핑을 즐기고 싶은 분들은 뿌네 시내에서 인도의 전통 상품을 비롯한 다국적 브랜드의 여러 가지 물건들을 구입할 수 있습니다.

숙박 시설

리조트 내에서는 오쇼 게스트하우스(Osho Guesthouse)의 품격 있는 객실을 이용할 수 있습니다. 더 오랜 기간의 체류를 원하는 방문객은 '리빙 인(Living In)'이라는 패키지 프로그램을 이용하거나, 리조트 밖에 있는 다양한 종류의 호텔과 아파트를 이용할 수도 있습니다.

더 많은 정보를 보시려면 아래의 웹사이트를 참고하시기 바랍니다.

www.OSHO.com

오쇼 닷컴에서 제공하는 내용
인터넷 매거진, 오쇼 서적, 오디오와 비디오, 영어와 힌디어로 된 오쇼 저작물들,
오쇼 명상법에 대한 정보, 오쇼 멀티버시티의 프로그램 스케줄,
오쇼 국제 명상 리조트에 관한 정보

관련 웹사이트
http://OSHO.com/resort
http://OSHO.com/magazine
http://OSHO.com/shop
http://www.youtube.com/OSHO
http://www.oshobytes.blogspot.com
http://www.Twitter.com/OSHOtimes
http://www.facebook.com/pages/OSHO.International
http://www.flickr.com/photos/oshointernational

아래의 주소를 통해 오쇼 국제 재단에 접촉할 수 있습니다.
www.osho.com/oshointernational
oshointernational@oshointernational.com